AF306815

Michael Lapp

CHANGEMANAGEMENT

Bilder eines Werkzeugs

die bunten

Band 4

Impressum

Michael Lapp
Neustadt an der Weinstraße
Kontakt: michael.lapp@memecon.com
© 2024 Michael Lapp memecon
Das Werk einschließlich aller seiner Teile ist urheberrechtlich geschützt.
Jede Verwertung außerhalb der engen Grenzen des Urhebergesetzes ist
ohne Zustimmung von memecon unzulässig und strafbar.

Bibliografische Information der Deutschen Nationalbibliothek:

Die Deutsche Nationalbibliothek verzeichnet diese Publikation in der
Deutschen Nationalbibliografie; detaillierte bibliografische Daten sind im
Internet über http://dnb.dnb.de abrufbar.
Umschlagbild: ©memephoto
Scribbles: ©memephoto
Satz: ©memephoto
Herstellung und Verlag: BoD – Books on Demand, Norderstedt
ISBN: 978-3-7597-1408-4

Formalitäten

Hinweis: Sprache und Bilder können ihre Sichtweisen und Gewohnheiten verändern. Zur Vertiefung und Bestätigung lesen Sie weitere Bücher und reden Sie mit ihren Mitmenschen.

Zum besseren Verständnis befinden sich im Text Bilder. Ein Bild sagt mehr als tausend Worte.

In den schwarzen Boxen finden sich weiterführende Beispiele, um Sie auf das Kapitel einzustimmen.

Die Scribbles und Photos sollen Ihnen den Raum für eigene Assoziationen zu schaffen. Denn: Die schwarzen Flecken des Toners auf den Seiten liefern die Gedanken des Autors, die nichts weiter bewirken sollen, als dass Sie daraus eigene Erkenntnisse entwickeln. Das gilt vor allem, wenn Sie einen völlig anderen Standpunkt vertreten.

Kurz gesagt: Unterstreichen, kommentieren und korrigieren Sie den Text; knicken Sie ein Eselsohr oder postitten Sie die Seiten, die Ihnen wichtig sind. Der Effekt dieses Buches entsteht anschließend durch Ihre Handlungen.

Zusätzlich symbolisieren die folgenden Symbole die vier Grade der Veränderung und bieten am Ende der Kapitel Tipps für die Umsetzung.

Bevor die aktuelle Situation erkennbar ist, können keinerlei Unterschiede bemerkt und keine Indikatoren bestimmt werden. Es braucht Achtsamkeit, um die eigenen Befindlichkeiten zu erkennen und etwas beobachten zu können.

Sobald die Gegebenheiten zeitnah sichtbar werden, liegt der Fokus auf Nachjustieren (Stabilisierung). Erste Messungen können durchgeführt und die Amplitude von Schwankungen festgestellt werden.

Kleine positive und negative Veränderungen erster Ordnung verwandeln den Stand der Dinge indem kleine Verbesserungen umgesetzt werden. Hierfür müssen die Ziele bekannt sein und der Fortschritt kontinuierlich gemessen werden. Zur Vermeidung von ungewollten Nebenwirkungen sollten kollaterale Vor- und Nachteile ermittelt werden.

Große positive und negative Veränderungen der zweiten Ordnung ersetzen auf Basis von überlebensnotwendigen Indikatoren die bisherigen Umstände und erzeugen Transformationen. Dabei wird der Tipping-Point angestrebt und der Umbruch umfassend gemessen. Entscheidend sind die (un)beabsichtigten Auswirkungen des Umbruchs.

die bunten sind themenorientierte Sammelbände von ausgewählten und überarbeiteten Blogbeiträgen des Autors, die von August 2015 bis Juli 2021 veröffentlicht wurden. Der vorliegende Band ist der vierte der Reihe.

Weitere geplante Themen sind:

Agilität, Leadership, Projektmanagement, Zukunft.

Ein Blick hinter die Kulissen

Die Blogbeiträge aus den Jahren 2015 bis 2021 wurden in der ersten Hälfte 2024 ausgewählt und redigiert.

Ich war hin- und hergerissen, dieses Thema in die Reihe *die bunten* aufzunehmen, da ich bereits an einer groben Skizze für ein Buch über ein neues Changemanagement arbeite. Allerdings liefern die Blogbeiträge bereits Gedankenanstöße für ein zukünftiges Veränderungsmanagement. Ich hoffe, die Texte sind für die Lesenden kurzweilig und inspirierend.

Mein besonderer Dank gilt den folgenden Personen, die sich die Zeit genommen haben, das Buch vorab kritisch durchzuarbeiten.

Christian Schulz

Klaus Killinger

Sie haben mit ihren Kommentaren Anregungen gegeben, mit denen ich Fehler beheben sowie Beispiele und Schlussfolgerungen verbessern konnte.

Verbliebene Schwächen sind mir zuzuschreiben. Ich bin als Autor für das gedruckte Ergebnis allein verantwortlich.

NW, im Juli 2024

Was dieses Buch bringt und was nicht

Das Buch **Changemanagement** ist der vierte Band in der Reihe *die bunten*. Hier finden Sie themenorientierte Blogbeitrage aus *memecon.info* in handlichem Taschenbuchformat. Alle Beiträge wurden korrigiert, inhaltlich überarbeitet und erweitert.

Die einzelnen Artikel habe ich in unzusammenhängender Reihenfolge geschrieben. Entsprechend bleibt es den Lesenden überlassen, in welcher Reihenfolge Sie die Beiträge lesen. Es empfiehlt sich jedoch mit *Die Tür - Metapher für Veränderung* auf Seite 13 und mit *Veränderung ist immer – und anders* auf Seite 29 anzufangen, da hier Grundsätzliches beschrieben wird, das das Grundverständnis vermittelt. Für den Fall, dass inhaltliche Bezüge bestehen, leiten Querverweise an die jeweilige Stelle.

Das Buch liefert Bilder zum Umgang mit Abweichungen, die sich aus einem Ungleichgewicht, kleinen Fehlern und Disruptionen im Geschäftsleben ergeben.

Die fünfzehn Beiträge verteilen sich auf drei Bereiche:

- Die Stärke von Abweichungen (S.23 bis S.45)
- Den persönlichen Umgang mit Veränderungen (S.53 bis S.67) und
- Ansatzpunkte zur Veränderung (S.73 bis S.105).

Beim Blättern im Buch wird klar, dass es sich um einzelne Reflexionen bezüglich Veränderungsmanagement handelt. Nach der Lektüre verfügen Sie über eine Metapher, die Veränderungen versinnbildlicht. Es werden die vier Grade der Veränderung vorgestellt, die sich durch das gesamte Buch ziehen. Am Ende der Beiträge erhalten Sie Tipps für einen bewussten Umgang mit Veränderungen. Sie lernen Einflussfaktoren und Ansatzpunkte zur Änderung kennen. Die Verantwortlichen und die Beteiligten erhalten Impulse zum Umgang mit Neuem. Der größte Fehler im Changemanagement schließt die Sammlung ab.

Sie finden weder einen Changeprozess noch eine Anleitung für die Umsetzung von Veränderungen. Auch das Changemanagement steht vor einem radikalen Umbruch. Die VUKA-Welt[1] fordert unseren trägen Umgang mit Veränderungen heraus. Bisher hat das morphische Feld[2] des Wandels das Mindset in eine Richtung kanalisiert: Auftauen, Ändern, Einfrieren.[3] Für einen neuen Umgang mit Veränderung bereite ich bereits ein Buch außerhalb der Reihe *die bunten* vor. Es wird sich mit vukanem Changemanagement beschäftigen – Derzeitiger Arbeitstitel: *Wandel des Wandels*.

Stellen Sie sich die Serie *die bunten* wie eine gebundene Sammlung von fliegenden Blättern vor, die einzelne Mosaiksteinchen bietet, die sich gegenseitig ergänzen. Im Gegensatz zu den originalen Blockbeiträgen erhalten Sie zusätzliche Inhalte und Anregungen.

Die Seiten wurden in der Hoffnung zusammengestellt, Ihnen das eine oder andere „Echt?" zu entlocken. Es ist sehr schwer, die mentalen Modelle der Lesenden zu erreichen. Damit das Buch wirkt, müssen sie die Einzelbilder im Kopf zu einem stimmigen Gesamtbild zusammensetzen, das zu einer neuen Sicht auf Veränderungen anregen soll. Es ist dabei nicht wichtig, ob die Wirkung gleich oder später einsetzt. Am besten legen Sie es stets in Griffnähe, dann können Sie spontan darin blättern. Machen Sie das Beste daraus!

----

[1] (Lapp, 2023)

[2] Ein morphisches Feld bestimmt die Form von Artefakten und Konzepten durch merkmalsbildende Strukturen und Aktivitätsmuster, die die Grundlage für deren Gestalt liefern. (Sheldrake, 1990) Im vorliegenden Fall den klassischen Verlauf von Changemanagement - Auftauen, Ändern, Einfrieren.

[3] (Smith, et al., 2011)

Inhaltsverzeichnis

CHANCE

Intro

*„… ich würde vorziehen, keine
Veränderung herbeizuführen."*[4]

Hermann Melville

Lesen ist der intime Austausch zwischen einem Selbst und Ideen, die bereits bekannt sind oder noch nicht. Alles findet im Kopf statt. Sie profitieren von dem Buch am meisten, indem Sie sich auf die Bilder einlassen und sie mit Ihren Vorstellungen abstimmen.

Wir sind alle verschieden. Das zeigt sich an unserer Physiologie, Kultur und Verhalten sowie dem Umgang mit Veränderungen. Manchmal werden Veränderungen solange aufgeschoben, bis der Druck so groß wird, dass er Just-in-time aufgelöst werden muss – verschoben auf den letzten Drücker. Andere handeln sogar erst, wenn der ursprüngliche Liefertermin vorbei ist und gefährden mit diesem Backloading, die Erfüllung der Prozesse ihrer „Kundschaft" – nicht nur der zahlenden Kunden, sondern auch der anderen Einheiten, die von den Zwischenergebnissen abhängen. Am zuverlässigsten sind die Frontloader, die sich frühzeitig vorbereiten. Dies muss nicht eine frühzeitige Abwicklung sein. Auch Risikomanagement bereitet auf kritische Eventualitäten vor und stellt Behelfslösungen bereit, die im Problemfall die pünktliche Lieferung an Kunden garantieren. [5]

---

[4] (Melville, 1853/1997)

[5] Die Standardabläufe sind an allgemeinen Kriterien ausgerichtet, wie z.B. Produktionsauslastung, Auftragsbündelung, Qualitätssicherung. Mit agilen *Fast-Track-Prozessen*, die sich auf einen schnellen Durchlauf spezialisieren, wird im Notfall die fristgerechte Lieferung an Kunden möglich.

Die bedenklichste Variante sind die Prokrastinierenden, die an Aufschieberitis leiden. In letzter Konsequenz ist *Bartleby, der Schreiber* in dem gleichnamigen Buch von Herman Melville, ein furchterregendes Beispiel für selbstzerstörerischen Stillstand. Über neunzig Seiten erleben Lesende den Teufelskreis einer schwindenden Handlungsbereitschaft. Sein Motto ist *„Ich würde vorziehen, es nicht zu tun."* (Melville, 1853/1997). So unrealistisch das Buch erscheint, so oft müssen wir uns mit (Aus)Führenden beschäftigen, die sich im Clinch mit neuen Anforderungen befinden – sie KENNEN die Veränderung nicht; sie KÖNNEN sie nicht umsetzen; sie DÜRFEN sie nicht realisieren; sie WOLLEN einfach nicht. Diese Defizite sind triftige Gründe für aktives Changemanagement.[6]

Wir sollten von Natur aus an Veränderungen gewöhnt sein. Schließlich ändert sich unser Körper unentwegt. Nach sieben Jahren sind wir physisch gesehen nicht mehr, wer wir waren. Unsere roten Blutkörperchen regenerieren sich alle vier Monate, Bindegewebe monatlich, eine verletzte Leber in sechs Monaten und unser Skelett alle sieben Jahre. Allerdings ändern sich einige lebenswichtige Teile nur partiell oder gar nicht. Das Herz bleibt ein Leben lang über fünfzig Prozent unverändert, genau wie die Nervenzellen – sofern wir sie nicht zerstören.

---

[6] Der Begriff Changemanagement mag seinen Glanz verloren haben. Allerdings haben die meisten eine vage Vorstellung davon. In dem Buch wechsle ich zwischen Change- und Veränderungsmanagement. Alternativ können die Lesenden den Begriff im Kopf durch ihr persönliches Wording ersetzen: Beispielsweise Agile Transformation, Betriebliche Neuausrichtung, Kulturentwicklung, Organisationsentwicklung, Änderungs-, Anpassungs-, Implementierungs-, Innovations-, Reorganisations-, Restrukturierungs-, Transformations-, Turnaround-, Veränderungs-Management etc.

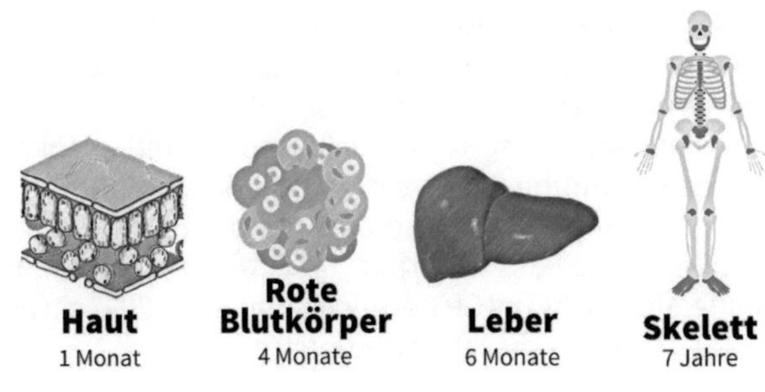

Abbildung 1: Körperregeneration

Im Herbst des Lebens arbeitet immer noch das Herz, das sich während der Schwangerschaft entwickelt hat. Wir verfügen über mehr oder weniger Nervenzellen, abhängig vom Alter sowie unserer Denk- und Lebensweise. Aber ohne dass wir es bemerken, erneuert sich unser restlicher Körper alle sieben Jahre. Das Ich bleibt das Ich, auch wenn es sich weiterentwickelt. Wir leben den Wandel so, wie es Heraklit beschrieben hat – πάντα ῥεῖ (Panta rhei – Alles fließt)[7].

Oder denken wir an technologische Entwicklungen. Wie bei allen Veränderungen ist der Startpunkt Definitionssache. Die Geschichte des Internets könnte mit dem ersten Modem beginnen, das 1959 auf den Markt kam. Viele angeschlossene Modems erzeugen ein Netz. Das erste weitreichende Datennetz war das militärische Arpanet (1968), das im Kalten Krieg den Luftraum überwachte und die aktiven Einheiten miteinander verkoppelte. Die kryptischen Adressen wurden erst mit der Standardisierung der Domain Name Server (DNS) im Jahr 1981 allgemein handhabbar. Damit immer mehr Rechner eingebunden

---

[7] (Heraklit, 2007)

werden konnten, wurde 1983 TCP/IP eingeführt. Die erste Webseite ging 1990 im eidgenössischen Cern online. Es dauerte über zehn Jahre, bis die sozialen Netze, wie wir sie heute kennen, in den Nuller Jahren starteten - LinkedIn, Facebook, Youtube und Twitter. Mit der Einführung des kabellosen Empfangs wurde das Internet überall nutzbar. Ab 2003 hatte die Mehrheit der Nutzer ein smartes Mobiltelefon. Mit ChatGPT erreichte uns Ende 2022 ein neuer Internet-Tsunami – die Künstliche Intelligenz.

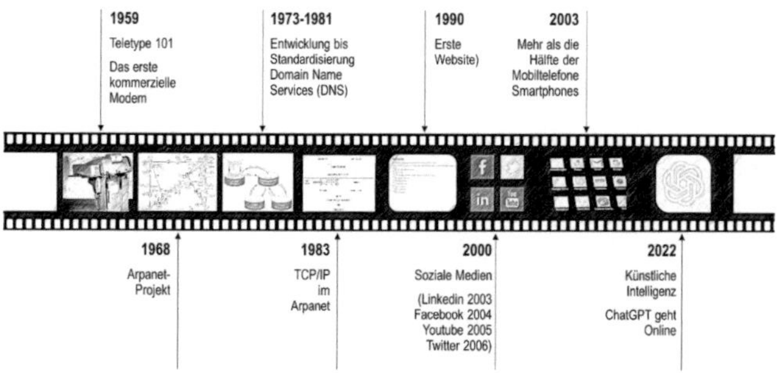

Abbildung 2: Internet-Timeline

Wer hätte 1959 gedacht, dass im Jahr 2023 5,5 Mrd. Menschen ans Netz angeschlossen sind. Manche werden sich erinnern, wie Datentransfers vor dem World Wide Web aussah. Die Daten wurden auf ein Magnetband überspielt, einem Kurierdienst übergeben, der das Band zum Empfänger brachte, um es schließlich dort einzuspielen. Die Dauer der Datenübertragung hing von der geografischen Entfernung ab. ;-) Mittlerweile fliegen Unmengen an Daten um die Welt. Die nächsten Umbrüche stehen schon bereit. Längst bekannte Erfindungen werden die nächsten Jahrzehnte umwälzen.

Veränderung – die permanente Krux

Eine Aktivität ohne Ergebnis verschwendet Zeit, Geld, Infrastruktur und vor allem (Aus)Führende. Ergebnisse ohne Veränderung sind widersinnig. Die Frage ist IMMER: Welchen Unterschied macht eine Veränderung? Es sollte

von Anfang an klar sein, dass die Gegebenheiten fortwährend fluktuieren. Egal, wie groß oder klein die Schwankungen sind. Ungeschickterweise besteht allzu oft die
Meinung vor, dass Changemanagement eine Art Tatort-
reiniger ist, der die Spuren von Versäumnissen nachträglich
beseitig. Anstelle Aktivitäten und Projekte mit Maßnahmen
des Changemanagements zu begleiten, werden nachträglich
Probleme behoben, die während der Durchführung aus
irgendwelchen Gründen unter den Tisch gefallen sind. Es ist
die letzte Chance für die Verantwortlichen, die beabsichtigten
Ziele zu erreichen. Was ist nötig, damit die Entscheidenden
sich Veränderungen sofort zu eigen machen? Es braucht:

- **Handlungsorientiertes Verständnis von Veränderung**
  Alles beginnt mit der gemeinsamen Deutung. Was verstehen wir unter Veränderung (Change)? Welche Aufgaben,
  Kompetenzen und Verantwortung (AKV)[8] sind damit
  verbunden? Siehe S.20.

- **Differenzierung von Veränderungsstufen**
  Jede Veränderung hat eine eigene, einmalige Dynamik
  und Reichweite. Wo entsteht die Veränderung? Wie
  stark ist sie? Müssen wir nachregeln, verbessern oder
  radikal erneuern? Siehe S.29.

- **Komplexität des Veränderungsfelds**
  Veränderungen finden stets in einem Kontext statt.
  Einerseits werden im eigenen Ökotop die Funktionen,
  Prozesse, Daten, das Managementsystem und die

---

[8] AKV ist ein Akronym für Aufgabe, Kompetenz und Verantwortung von
Organisationseinheiten und Personen. Die Aufgabe beschreibt die
verrichtende und leitende Tätigkeiten einer Rolle, Die Kompetenz
beinhaltet die Befugnisse, die notwendig sind, damit die Aufgaben
erfüllbar sind. Die Verantwortung umfasst die Pflichten zur Rechenschaft
für Handlungen. (https://www.memecon.info/?p=2575)

technische Infrastruktur sichtbar. Andererseits besteht
es aus dem glokalen[9] Umfeld des Unternehmens, auf
das wir nur geringen Einfluss haben - auf den Markt, den
Wettbewerb und die Kunden. Was ist die Veränderung,
die verändert? Wo findet sie statt? Welche internen/
externen Einflussfaktoren gibt es? Wie dynamisch ist die
Veränderung? Siehe S.39.

- **Voraussetzungen für Veränderungen**
  Egal, ob es sich um physischen oder ideellen Wandel
  handelt, die Führenden müssen die erforderlichen Rahmenbedingungen schaffen. Welche Antworten müssen
  im Änderungsantrag stehen? Welcher Zeitrahmen ist
  vorgegeben? Welche Strategie wird verfolgt? Welche
  Ressourcen werden benötigt? Siehe S.99

- **Hebelpunkte**
  Jede Veränderung braucht einen Ansatzpunkt, an dem
  die Veränderung beginnt. Die Wahl der Ansatzpunkte
  bestimmt den Aufwand, den eine Maßnahme in Anspruch
  nimmt. Welche internen Hebelpunkte stehen zur Verfügung? Welche externen? Welche mentalen? Siehe
  S.87.

- **Handlungsalternativen**
  Der Umgang mit Veränderungen hängt von den eigenen
  Erfahrungen, Erlebnissen, Erfolgen und Erwartungen ab.
  Was treibt uns an? In welchen Bereichen ist Veränderung
  nötig? Haben wir die entsprechenden Fähigkeiten? Sind
  wir bereit dazu? Wie gehen wir mit der Veränderung um?
  Siehe S.93.

---

[9] *Glokal* eine Wortschöpfung, die die Worte *global* und *lokal* zu einem
neuen Begriff verbindet. Es beschreibt die gleichzeitige Wirkung von
globalen Eigenschaften auf lokaler Ebene und umgekehrt.

- **Der größte Fehler**
  Es ist von Vorteil, Schnitzer im Changemanagement zu minimieren. Was ist der größte Fehler? Siehe S.105.

Sprechen wir von Veränderung, dann handelt es sich um einen vukanen Begriff, der sich schnell ändert (**v**olatil), sich nicht als Fundament eignet (**u**nsicher), unübersehbar viele Aspekte und Beziehungen beinhaltet (**k**omplex) und unterschiedlich verstanden wird (**a**mbig). Es geht um Unterschiede, Aktualisierungen, Änderungen, Verbesserungen, Erneuerungen und Transformationen.

Die nachfolgende Wortliste zeigt über einhundert verwandte Begriffe und Synonyme.

Abänderung, Abgrenzung, Abkehr, Abschweifung, Abstecher, Abstufung, Abwandlung, Abweichung, Abwendung, Aktivierung, Aktualisierung, Andersartigkeit, Änderung, Anhebung, Ankurbelung, Anstieg, Antagonismus, Aufbesserung, Aufschwung, Aufstand, Aufstockung, Aufwertung, Ausdehnung, Ausflug, Belebung, Bereicherung, Berichtigung, Besserung, Change, Differenz, Differenzierung., Diskrepanz, Disproportionalität, Divergenz, Erhöhung, Erholung, Erneuerung, Erweiterung, Exkurs, Feinheit, Forcierung, Förderung, Fortentwicklung, Fortschritt, Gegensatz, Hebung, Heilung, Heilungsprozess, Heterogenität, Hintertür, Inkonsequenz, Innovation, Intensivierung, Kontradiktion, Kontrast, Korrektur, Kräftigung, Metamorphose, Missverhältnis, Modifizierung, Modulation, Neuerung, Neugestaltung, Neuordnung, Neuorganisation, Neuregelung, Neuschöpfung, Nuance, Nuancierung, Reform, Regeneration, Rekreation, Reorganisation, Repugnanz, Revision, Revolution, Richtigstellung, Richtungsänderung, Richtungswechsel, Schattierung, Schleichweg, Schlenker, Stabilisierung, Stärkung, Steigerung, Stimulation, Stimulierung, tief greifende Wandlung, Transformation, Trennung, Überarbeitung, Umänderung, Umarbeitung, Umbildung, Umbruch, Umformung, Umgestaltung, Umkehr, Umschwung, Umstellung, Umsturz, Umwälzung, Umwandlung, Ungleichheit, Unruhen, Unstimmigkeit, Unterscheidung, Unterschied, Unterschiedlichkeit, Variation, Veränderung, Verbesserung, Veredelung, Verfeinerung, Vermehrung, Verrückung, Verschiedenartigkeit, Verschiedenheit, Verschönerung, Vervollkommnung, Volksaufstand, Volkserhebung, Wachstum, Wandel, Wandlung, Wechsel, Wende, Wendung, Widerspruch, Widersprüchlichkeit, Wiederherstellung, Zunahme, Zwiespalt

Definitionen sind starre, unflexible Konstrukte, die nicht mehr in die Zeit zu passen scheinen. Nichtsdestotrotz bin ich überzeugt, dass wir ohne eine gemeinsame Vereinbarung unserer Terminologie uns schwertun, zusammenzuarbeiten. Dies bedeutet nicht, dass wir uns die Begriffsbestimmung zu eigen machen müssen, sondern dass wir eine gemeinsame Grundlage brauchen, an der wir unser eigenes Verständnis prüfen und gegebenenfalls ändern können.

> **Veränderung ist die Abweichung von physisch, abstrakt und möglich Vorhandenem.**

Zum besseren Verständnis betrachten wir die Bestandteile der Definition.

- **Veränderung**
  ist „der kontinuierliche Vorgang, der zwei Zustände eines und desselben Gegenstandes zu zwei verschiedenen Zeitpunkten verbindet".[10] Wichtig! Die Veränderung muss abgeschlossen sein. Es gibt konkrete, messbare Ergebnisse, wahrnehmbare Abweichungen und Auswirkungen. Die Beteiligten haben die *Aufgabe* Veränderungen zu suchen, zu erkennen und zu beschreiben. Hierfür ist es erforderlich, Transparenz sicherzustellen und den Beobachtenden die *Befugnis zu erteilen*, die relevanten Daten zu sichten und Erkenntnisse auszutauschen. Die (Aus)Führenden haben die *Verantwortung*, die Ergebnisse so wiederzugeben, dass Gegenargumente die Chance haben, den Erkenntnissen zu widersprechen und sie so zu verbessern.[11]

---

[10] (Ritter, et al., 2004)
[11] *„Ein empirisch-wissenschaftliches System muß an der Erfahrung scheitern können"* (Popper, 1934/1989)

- **Abweichung**
  verstößt gegen Regeln oder Gesetze, Normen,
  Erwartungen oder Muster. [12]

- **Vorhandenes**
  bedeutet die schlichte Existenz oder Anwesenheit von
  etwas in Raum, Zeit oder Themenbereich. Wir unterscheiden physische, abstrakte und mögliche Existenzen.

  - *Physisch*:
    ist alles, was materiell existiert und messbar ist, d.h.
    es kann gesehen, berührt, gemessen & quantifiziert
    werden: z.B. Bücher, Früchte, Menschen.

  - *Abstrakt*:
    ist alles, was konzipiert und immateriell sowie durch
    Denken erfasst, interpretiert und verstanden wird:
    z.B. politische Systeme, Zahlen, Moral.

  - *Möglich*:
    ist alles, was erdacht und ausgedrückt wird, unabhän-
    gig von aktuell Vorhandenem existiert oder in Zukunft
    Wirklichkeit wird: z.B. Paradigmenwechsel, zukünftige
    Produktideen oder die sagenumwobenen Einhörner.

Mit diesem Verständnis im Hinterkopf wird die Lektüre
auch Dinge erschließen, die nicht erwähnt werden. Am wich-
tigsten ist das Bewusstsein, dass Veränderung keine einmalige
Aufgabe ist, sondern die Folge davon, dass Zeit vergeht, Dinge
getan und dadurch Change erzeugt wird, auch von Anderen.

Wenn das Buch Ihren Umgang mit Wandel verändert,
dann ist das gesetzte Ziel erreicht – für den Moment. Sie
wissen ja: Der Weg ist das Ziel! Es geht immer so weiter.

---

[12] (Gaede, 2002)

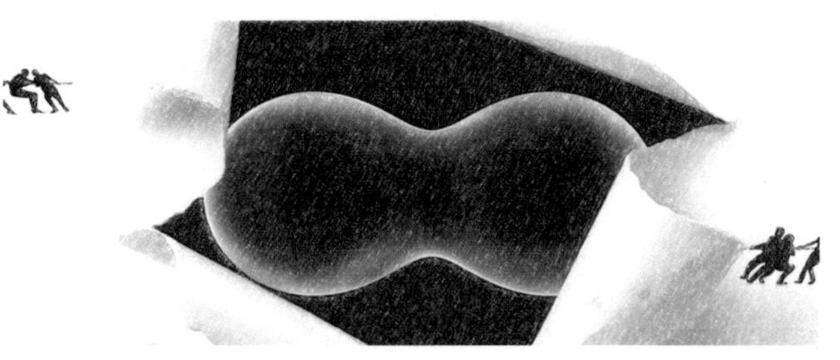

DIE TÜR - METAPHER FÜR VERÄNDERUNG[13]

Veränderungsstadien

Es gibt drei grundsätzliche Momente einer Veränderung: die Zeit vor, die Zeit während und die Zeit nach der Veränderung.

1) DAVOR:
Veränderungen lösen bei den meisten Betroffenen eine ablehnende Haltung aus, weil sie Verunsicherung, Sorge, Nervosität, Angst, Furcht oder Panik entwickeln. Dieser Widerstand entsteht durch das Nicht-Kennen, Nicht-Können, Nicht-Dürfen und Nicht-Wollen des Neuen. Je weitreichender eine Umgestaltung ist, desto mehr werden Kommunikationsmaßnahmen zur Aktivierung der Zielgruppe benötigt.

2) DABEI:
Während der Umsetzung sind zwei Systeme aktiv – das Alte läuft, bis das Neue übernimmt und das Neue beginnt bereits, obwohl das Alte noch in Betrieb ist. Dies führt zu unklaren Zuständigkeiten, stockenden Abläufen, Mehrarbeit und inkonsistenten Regeln. Durch einen offenen Umgang mit entstehenden Schwierigkeiten und die Lockerung der bisherigen Richtlinien wird das Commitment für das Neue gefördert – vor allem, wenn die Übergangsphase länger dauert.

3) DANACH:
Die Umsetzung ist geschafft, sobald das Alte abgeschaltet ist, d.h. die alten Zuständigkeiten, Geschäftsprozesse und Systeme sind aufgelöst und die Betroffenen für das Neue qualifiziert. Sie wissen, was sie zu tun haben. Da die neue Normalität am grünen Tisch geplant wurde, sind viele Adaptionen zu erwarten. Deshalb sollten in der Folge Anpassungen aller Art erleichtert werden, mittels Rückmeldekanälen wie leicht erreichbare Hotlines, Ansprechpartner und Diskussionsplattformen.

Veränderungen sind Vorgänge, die von einem Ausgangs- zu einem Zielzustand führen und sich durch Stärke, Dauer und Häufigkeit unterscheiden. Diese fließenden Übergänge

---

[13] Erstveröffentlichung 01.10.2016

von Alt zu Neu sind nicht trennscharf. Der eigentliche Quantensprung (Klarer durch skalierten Quantensprung, S.77) findet IMMER schwer erkennbar auf feinster Ebene statt. Um sich die Metamorphose und ihre Schritte zu verdeutlichen, bieten Türen ein greifbares Beispiel. Keine Tür zu wählen bedeutet, dass wir passiv im Bestehenden verharren und unser Schicksal anderen überlassen. Sehen wir keine Türen, dann sollte die Suche beginnen. Finden wir immer noch keine, braucht es mehr Kreativität, denn: *Es gibt stets mindestens drei Türen.*

Abbildung 3: Nach der Veränderung ist davor

Die folgenden Wegmarken lassen sich auf alle denkbaren Aufgaben übertragen.

- **Vor der Tür**
  Der Bereich vor der Tür symbolisiert die Phase bevor die Änderung stattfindet. Die Beteiligten müssen sich für eine der Optionen entscheiden. In diesem Moment können sie nur erahnen, was sie hinter den verschiedenen Türen erwartet. Somit entscheiden Sie mit Unsicherheit. Fragen, die einem dabei durch den Kopf gehen sind: Welche Tür verspricht uns die meisten Vorteile? Ist das Neue besser als das Alte? Was gewinnen wir? Auf was verzichten wir?

Können wir wieder zurück? Müssen wir überhaupt durch eine Tür gehen?

Im Geschäft machen wir uns die aktuelle Situation bewusst und entwickeln Szenarien für die verschiedenen Aussichten. Auch wenn wir nicht wissen, was uns erwartet, müssen wir uns vorab mögliche beabsichtigte und vor allem unbeabsichtigte Folgen vorstellen. Die Bewertung der Alternativen lässt sich nicht berechnen, da alle Variablen nur angenommen sind. Aufwendige Analysen erhöhen die Gewissheit eher wenig. Allerdings verrücken sich derweil die Rahmenbedingungen, sodass die Schlussfolgerungen stärker in die Irre gehen als die Sicherheit der Einschätzung sich erhöht. Zusätzlich wird die Umsetzung verzögert.

- **In der Tür**
  Je nach Dicke des Türrahmens befinden wir uns mehr oder weniger lang im Durchgang. Handelt es sich um eine dünne Tür, überwinden wir diesen Abschnitt fast unmerklich. Der Türrahmen kann jedoch auch sehr dick ausfallen. Es kann dauern, bis wir auf der anderen Seite herauskommen. Im Extremfall wird er zu einem Tunnel, in dem wir lange widersprüchlichen Bedingungen ausgesetzt sind. Während des Übergangs befinden wir uns in einem undefinierten Zustand - nicht mehr im alten, aber auch noch nicht im neuen. Dabei drängen sich folgende Fragen auf: Wäre es besser gewesen, nicht einzutreten? Haben wir die richtige Tür gewählt? An was halten wir uns hier? Was passiert, solange wir nicht auf der anderen Seite ankommen? Können wir uns im Türrahmen wieder umdrehen und zurückkehren? Im Geschäft gehen manche Veränderungen schnell und andere ziehen sich über Wochen, Monate und manchmal Jahre. In diesem Fall muss das Alte weiterlaufen und das Neue bereits anlaufen, ohne klare Rahmenbedingungen.

- **Nach der Tür**
  Sobald wir die Tür hinter uns lassen, befinden wir uns auf der anderen Seite im Neuen. Die Veränderung ist vollzogen und wir erkennen langsam, worauf wir uns einlassen. Dies schafft "Rechtssicherheit", da jetzt die

neuen Regeln gelten. Gleichzeitig bemerken wir früher oder später, dass nach der Tür vor der Tür ist - erneut verschiedene Türen auftauchen, aus denen wir eine auswählen müssen. Mit einer positiven Einstellung beginnt jetzt das wissbegierige Experimentieren der neuen Gegebenheiten. Dabei lassen wir uns von folgenden Fragen treiben: War dies die richtige Tür? Entspricht das Ergebnis unseren Erwartungen? Welche Effekte haben wir nicht vorhergesehen? Sollten wir wieder zurück?
Im Geschäft ernten wir nach der Umsetzung die erwarteten Vorteile und konsolidieren die neue Situation. Die Wirklichkeit entwickelt sich dabei meistens anders als gedacht.

So wie wir im Laufe eines Tages auf unzählige Türen treffen, die wir gedankenlos durchschreiten, stehen wir unentwegt vor weitreichenden geschäftlichen Entscheidungen. Viele Türen passieren wir, ohne es zu bemerken, wodurch uns unerwartete Folgen überraschen und wir uns fragen, wie so etwas möglich sein kann. Andere bringen uns zum Stehen, zum Nachdenken, weil wir merken, dass sie große, weitere Anpassungen erfordern.

Fazit: Wenn wir uns eine Veränderung als Tür vorstellen, hilft es uns, die richtigen Fragen zu stellen, was vor der Tür, während des Durchgangs und nach der Tür bedacht werden sollte. Allen Beteiligten sollte klar sein, dass es um die angemessene Vorbereitung, das zügige Umsetzen und die richtige Nachbereitung geht. Welcher Durchgang wartet auf Sie als nächstes? Oder lassen Sie sich übertölpeln?

Solange die drei Stadien nicht erkennbar sind, ist es schwer, darauf einzugehen. Es braucht einen Startschuss für die erste Phase, das DAVOR, um die Kommunikationskanäle öffnen zu können. Helfen Sie den Mitarbeitenden die Lage zu verstehen und sich mental auf eine Veränderung vorzubereiten.

Das Nachregulieren von kleinen Abweichungen, um einen bestimmten Sollwert zu halten, sollte Bestandteil der Aufgaben der Mitarbeitenden sein und benötigt keine übergreifenden Initiativen. Dafür brauchen sie das Verständnis der Kenngrößen und des Normalzustands. Übersteigen die Schwankungen den vorgegebenen Rahmen, sollten kleine Veränderungen eingeleitet werden.

Da alles miteinander in Verbindung steht, sind kleine Veränderungen und eventuell siloüberschreitende Abstimmungen nötig, die schnell umsetzbar sind. Das DAVOR beginnt mit der Entscheidung und der Zielfestlegung und der Bestimmung der Indikatoren unter Beteiligung der <u>direkt</u> Betroffenen. Das DABEI und DANACH erfordern keine eigene „Organisation". Es genügt die Delegation der Umsetzung an die Beteiligten.

Die Planung vor dem Startschuss einer großen Veränderungsmaßnahme sollte bereits unter Mitarbeit der (Aus)Führenden erfolgen. Mit der Verabschiedung des Auftrags befinden Sie sich im DAVOR. Spätestens jetzt sollte die Initiative bekannt gemacht werden. Da das DABEI sich über längere Zeit hinziehen kann, ist ein Change-Management-Office (CMO) sinnvoll, das die Umsetzung der Maßnahmen begleitet, die die Akzeptanz, das Commitment und die Einhaltung von Budget und des Zeitrahmens absichert. Umbrüche, die die bisherige Welt auf den Kopf stellen, brauchen eine angemessene DANACH-Phase, in der die (Aus)Führenden das Neue praxisorientiert nachjustieren können. Obwohl es sich bei den Maßnahmen um große Veränderungen handelt, sollte eine Initiative nicht länger laufen als sechs bis zwölf Monate, da die Veränderungen, die während der Umsetzung entstehen, die Ausgangssituation soweit ändern, dass die Prämissen nicht mehr passen und die Umgestaltungen obsolet machen.

VERÄNDERUNG IST IMMER – UND ANDERS[14]

Veränderungsdynamik

Da alles unentwegt in Bewegung ist, sollten wir wissen, wie etwas ist oder um welche Schwankungen oder Verbesserungen oder Transformationen es sich handelt. Diese unterschiedlichen Grade nennen wir Veränderungsdynamik.

1) Erkenntnis
macht den aktuellen Zustand sichtbar, d.h. die Gegebenheiten sind geklärt. Dieser Ausgangszustand ist der Startpunkt für zukünftige Vergleiche.

2) Stabilisierung
hält das Gleichgewicht, d.h. Gegensteuern, Kommunizieren, Justieren und Zelebrieren des aktuellen Zustandes. Es sind kleine Nachregelungen.

3) Verbesserung
ist eine Veränderung der 1. Ordnung, d.h. Bestehendes durch geringfügige Überarbeitungen ersetzen - kleine, kontinuierliche Veränderungsschritte.

4) Transformation
ist die Veränderung der 2. Ordnung, d.h. Dinge zu erfinden, nicht mehr zu tun und neu zuzuordnen. Es sind die großen, radikalen Veränderungen.

Die Hinweise am Ende der Kapitel beziehen sich auf die Veränderungsdynamik.

Bei der systematischen Untersuchung durch Experten lösen sich Sachverhalte in unglaublich feine Bestandteile auf, wodurch unser Blick auf das Ganze verloren geht. Wir sehen so filigranste Ausschnitte und ihre Veränderlichkeit sind und nicht mehr in der Lage, die Konsequenzen zu überblicken und die Aufgabenstellungen zu bewältigen. Bei der Betrachtung der Details gehen die Verbindungen, Abhängig-

---

[14] Erstveröffentlichung 06.03.2021

keiten und das Verständnis der darüberliegenden Ebenen verloren. Ausweg bieten zusätzlich aufgesetzte Maßnahmen unter der Überschrift Changemanagement. Aufgrund Kosten- und Zeitdruck sowie der fehlenden Entschiedenheit meiden die Führenden solche begleitenden Aktivitäten. Aus diesen Gründen ist es an der Zeit, Veränderung neu einzuordnen. Sie ist immer - und anders.

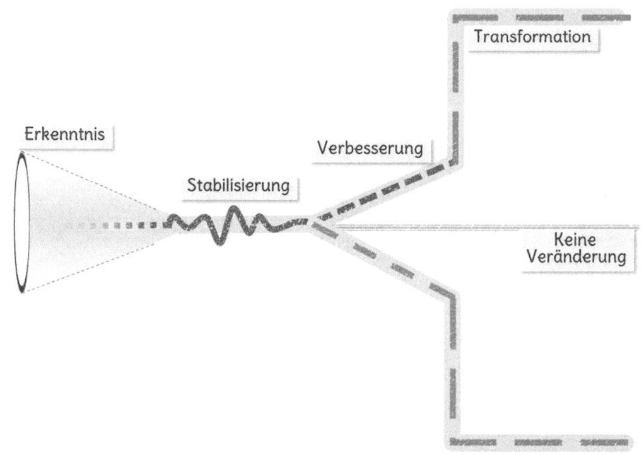

Abbildung 4: Veränderungsdynamik

Für diejenigen, die das für übertrieben halten, rentiert sich der Blick auf die Grade der Veränderung.

- **Erkenntnis**
  Veränderungen beginnen im Kopf der Beobachtenden. Alles, was Aufmerksamkeit erregt <u>ist</u> Veränderung. Ein sensorischer Reiz im Kontext, der nicht zu den unbewussten Erwartungen passt, aktiviert das Bewusstsein – eine Unregelmäßigkeit im Blickfeld, ein unerwartetes Geräusch, ein überraschendes Kribbeln im Bauch, ein unpassender Geruch. Aufmerksame Menschen reagieren früh auf Stimuli aller Art. Die sich ergebenden Aha-Erlebnisse befeuern die Handlungsbereitschaft in Teams, Abteilungen, Bereichen, Unternehmensteilen und Konzernen. Ohne Stand der Dinge gibt es keinen Handlungsbedarf.

30

- **Stabilisierung**
  Jede noch so kleine Handlung reguliert die Gegebenheiten. Wenn der aktuelle Zustand gefährdet ist, reagieren
  Mitarbeitende durch feines Nachjustieren, um Schwierigkeiten zu vermeiden. Zu diesem Zweck haben alle eine
  vorbestimmte Grundlinie vor Augen, um die Abweichungen
  auszugleichen. In gleicher Weise wie ein Tempomat im
  Auto die gewünschte Geschwindigkeit hält, wird das
  Zusammenspiel der Einheiten sichergestellt. Voraussetzung für die Stabilisierung ist die Festlegung der Leit-
  planken, an denen sich die Einheiten orientieren. Die Abweichungen treten an jedem beteiligten Arbeitsplatz
  auf. Die Summe alles Nachjustierens ergibt ein Grund-
  rauschen, das beständig die Kommunikation verfälscht
  und zu jeder Zeit und an jedem Ort sich überraschend
  zu einer Veränderung erster Ordnung aufschaukeln kann.
  Ohne Fluktuation gibt es keinen Handlungsbedarf.

- **Verbesserung**
  Die Veränderungen erster Ordnung sind die kleinen
  Verbesserungen, die wir im Rahmen der althergebrachten
  Kontinuierlichen Verbesserung erledigen. Hier geht es
  nicht um Stabilisierung, sondern um dauerhafte kleine
  Ausbesserungen, die sich über lange Zeit zu großen Umwälzungen anhäufen. Sie können im günstigsten Fall zu
  einem Aufbau und im nachteiligsten Fall zum Abbau der
  Leistungsfähigkeit führen. Die Maßnahmen kümmern sich
  um die Vermeidung oder Behebung von Schwächen,
  stellen Rahmenbedingungen und Grundannahmen
  infrage und verändern bleibend. Dieser ständige Lern-
  prozess, der das bestehende Geschäft besser macht, sollte
  überall und jederzeit stattfinden, um sich auf die Disruptionen, die Veränderungen zweiter Ordnung vorzubereiten.
  Ohne Fehlleistung gibt es keinen Handlungsbedarf.

- **Transformation**
  Die Veränderungen zweiter Ordnung sind Transformationen,
  die im Zuge von gesellschaftlichem und technischem
  Fortschritt auftreten – beim Wechsel in das Maschinen-,

Mobilitäts- oder Informationszeitalter. Die radikalen Umbrüche fordern aktuelle Handlungen, Leistungen und Organisationen heraus und erzeugen neue Paradigmen und Geschäftsmodelle. So stellen IT-Anbieter die bereits vor Jahren vorhergesagten Aufgaben jetzt unter die Flagge der Digitalisierung. Dadurch verschwinden manuelle Tätigkeiten zugunsten von adaptiven Robotern. Auch einfache Entscheidungen werden automatisierbar und führen zur Auflösung von Verwaltungs- und Führungsinstanzen. Diese Revolutionen erzwingen zumindest den Ersatz, wenn nicht sogar den Wegfall von Aufgaben und den dazugehörigen Organisationseinheiten. Es braucht ein aktives Changemanagement, um den Widerstand der (Aus)Führenden gegen die Initiativen abzumildern und die Umsetzung der neuen Aufgaben des Unternehmens zu gewährleisten. Ohne Anachronismus gibt es keinen Handlungsbedarf.

- **Keine Veränderung**
  Ohne Abweichung, egal, wie stark, scheint es keine Veränderung zu geben. Inwieweit es die Angst vor Veränderung oder einfach die Unfähigkeit der Verantwortlichen ist, die sie abhält, den Wandel zu sehen, ist irrelevant. Ausschlaggebend ist die Tendenz von Entscheidenden, den Kopf in den Sand zu stecken und vor Gefahren die Augen zu verschließen. Sie verweigern sich der Erkenntnis, dass es einen Handlungsbedarf gibt, um vermeintlich unnötige Anstrengungen für Risiko- und Changemanagement zu vermeiden. Dies führt dazu, dass plötzlich auftretende Schwierigkeiten nicht durch geeignete Maßnahmen und eine angemessene Vorbereitung der (Aus)Führenden verhindert werden. Dabei ist es für die Viabilität der Unternehmung unerlässlich zu verinnerlichen, dass stets Handlungsbedarf besteht – kümmern Sie sich darum.

Fazit: Die Tatsache, dass wir uns unentwegt verändern, scheint unangenehm zu sein, da die Verantwortlichen gerne weg- und Probleme übersehen. Dabei stoßen wir mit unserem internen Tun unermüdlich Veränderungen an –

z.B. Rohstoffe werden zu Produkten, Fähigkeiten zu Dienstleistungen, Aufgaben zu Abläufen. Zusätzlich kommen viele Abweichungen von außen, die sogenannten externen Einflüsse – der Kunden, der Lieferanten, der Wettbewerber, des Marktes, der Politikenden, der Wirtschaftslage, der Gesellschaft, der Technik, der Natur. Es ist nicht die Frage, ob eine Veränderung groß genug ist, um sich damit zu beschäftigen (siehe oben), sondern nur, wie damit umzugehen ist – egal, wie umfangreich sie ist. Dies erfordert eine entschiedene Führung. Die Mitarbeitenden auf allen Ebenen müssen achtsam, neugierig, fantasievoll und proaktiv den Wandel bewältigen. New Work braucht Neuorientierung, denn:

Veränderung ist immer – und anders.

Auch wenn wir relevante Veränderungen bemerken sollten, bedeutet es nicht, dass wir nur noch danach Ausschau halten sollen. Wir benötigen eine alltägliche Sensibilität, um Unterschiede zu bemerken, die einen Unterschied machen – Änderungen, die Nachregelungen, Verbesserungen oder eine Revolution erfordern.

Die Sollwerte und akzeptablen Abweichungen sollten klar sein – Umfang der Nacharbeit, Anzahl Verspätungen oder Krankenstand. Schwanken die Indikatoren stärker als gedacht, müssen Veränderungen der ersten oder zweiten Ordnung aufgesetzt werden.

Bereits kleine Änderungen lösen Althergebrachtes ab. Über lange Zeit können sie sich zu großen Veränderungen auftürmen. In jedem Fall sollten kleine Aspekte eliminiert werden – unerwünschte Formulare, IT-Funktionen, Stellen und ähnliches müssen inaktiviert werden, d.h. verschwinden.

Transformation findet eher selten statt. Nichtsdestotrotz können solch große Initiativen sich überlappen. Dadurch ändern zwei „Change-Organisationen" das Unternehmen unabgestimmt und kollidieren spätestens am Ende der Maßnahmen, wodurch Anstrengungen verpuffen. Zusätzlich werden die Kapazitäten neben dem Tagesgeschäft mit Changeinitiativen belastet. So wie das Programm-Management projektübergreifend koordiniert, brauchen auch ALLE Changeinitiativen eine übergreifende Funktion - das Change-Programm-Management (CPM).

34

KEINE, KLEINE, EINE, REINE[15]

Das Ende von einfach

Die eigenen Produkte unterscheiden sich abhängig von der Menge der Komponenten. Ein Lastkraftwagen (LKW) setzt sich aus vielen Bausteinen zusammen.[16] Nach eigenen Aussagen verfügt das Mercedes-Benz Werk in Wörth über eine Million Möglichkeiten, einen LKW zusammenzubauen.[17] Beim Blick auf den Sitz wird klar, wie die Komplexität entsteht. Es gibt für den Fahrer die Varianten Starrsitz, Schwingsitz, Komfort- und Klima-Schwingsitz und für den Beifahrer den Funktionssitz, Komfort- und Klima-Schwingsitz. Diese Sitzausführungen werden mit Bezügen aus Flachgewebe, Kunstleder, Leder, Velours und dem Alcantara ähnlichen Bezug Dinamica Star in unterschiedlichen Farben angeboten. Es gibt sogar Massagefunktionen, die in den Sitz integriert sind. Damit sind die Extras noch nicht abgedeckt. Gehen wir aus von vier Ausführungen, fünf Arten von Bezügen und sieben Standardfarben, dann ergeben sich bereits 140 Varianten – und das ist eine einfache Schätzung. Wer ist in der Lage, einen Sitz mit seinen Feinheiten von einem anderen zu unterscheiden? Wir müssen lernen, die Unterschiede zu bemerken, die einen Unterschied machen.

Zwischen den Jahren vergleichen wir das vergangene und das kommende Jahr. Dabei blicken wir auf Veränderungen, die den Unterschied ausmachen sollen. Der Änderungs-

---

[15] Erstveröffentlichung 27.12.2015

[16] Komponenten eines LKWs: Achsen, Anhängevorrichtung, Antriebsstrang, Antriebssysteme, Antriebstechnologien, Auspuffsystem, Bereifung, Bremssystem, Elektrisches System, Erweiterte Beleuchtungssysteme, Fahrerhaus (Kabine), Fahrerunterstützungssysteme, Fahrgestell, Hydrauliksystem (bei speziellen LKW-Anwendungen), Innenausstattung und Komfortmerkmale, Kabinenausstattung für Langstreckenfahrer, Kommunikations- und Telematiksysteme, Konnektivität und Fernüberwachung, Kraftstoffsystem, Kühl- und Wärmesysteme für spezielle Ladungen, Kühlsystem, Ladefläche, Ladesysteme, Lenksystem, Motor, Pneumatiksystem, Reifen, Sicherheits- und Assistenzsysteme, Sicherheits- und Notfallausrüstung, Sicherheitsfeatures, Sicherheitssysteme, Spezialisierung nach Ladungsart, Wartungs- und Diagnosesysteme, Sonstiges.

[17] https://www.mercedes-benz-trucks.com/de_DE/brand/plants/plant-woerth/numbers-data-facts.html

grad, der ins Auge gefasst wird, kann von keiner, über kleine, eine bis hin zu reiner Umstellung reichen.

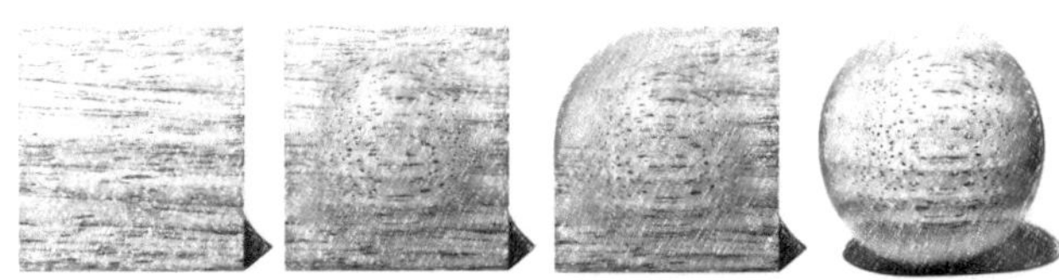

Abbildung 5: Verschiedene Veränderungsgrade

Eigentlich gibt es keine Veränderungen nicht[18], da alles permanent in Bewegung ist. Hier konzentrieren wir uns auf die Modifikationen, die wir selbst anstoßen. Alle Größen von Veränderung haben ihre Existenzberechtigung.

- **Keine Veränderung**
  Der Wunsch, nichts zu verändern, ergibt sich aus der Zufriedenheit mit den aktuellen Umständen oder aus der Angst vor Ungewissheit oder einfach aus der Ahnungslosigkeit bezüglich dem Bestehenden. Da die Einflüsse trotz allem weiter im Fluss bleiben, führt die Entscheidung, sich nicht zu ändern dazu, dass wir zu Getriebenen werden - wohin auch immer der Veränderungsdruck uns zwingt. Stradivaris und andere Naturinstrumente entwickeln ihren Klang und die Spielbarkeit mit der Zeit. Oldtimer und Antiquitäten gewinnen aufgrund von Liebhabern an Wert, ohne dass sie dadurch unbedingt besser werden. Dabei

---

[18] Achtung! Doppelte Verneinung.

macht der Zahn der Zeit vor nichts Halt. Besonders deshalb Veränderungen stets willkommen heißen.

- **Kleine Veränderung**
  Kleine Veränderungen ergeben sich aus dem alltäglichen Nachjustieren durch persönliche Weiterentwicklung oder Anpassung an die sich verändernden Gegebenheiten. Viele kleine Veränderungen ergeben nach einiger Zeit bemerkbare neue Zustände. Eine Marmorstatue erhält Glanz durch anhaltendes Polieren der Oberfläche. Das Schwert erhält durch regelmäßiges Schleifen des gefalteten Stahls seine Schärfe. Es sind die kleinen Dinge, die den Weg in die Zukunft prägen. Aus diesem Grund sollte das Feuer stetig geschürt und die Umstände durch kleine Fluchten aus der Komfortzone weiterentwickelt werden.

- **Eine Veränderung**
  EINE Veränderung wird möglich, wenn eine dauerhafte Modifikation in einem Schritt zugelassen wird. Die Veränderungen werden sofort für alle sichtbar. Hierzu muss die Welt nicht auf den Kopf gestellt werden. Alle Aspekte unseres Alltags lassen sich verändern - eine neue Esskultur, eine trendige Garderobe, neue Interessen oder ein persönliches Outing. All dies verändert die Persönlichkeit nicht als Ganzes, sondern löst einen veralteten Teil auf bzw. fügt eine neue Variation hinzu. Wir bewegen uns auf einem Weg, der irreversibel ist. Die Zeit, die uns bleibt, sollten wir nutzen.

- **Reine Veränderung**
  Die stärkste Veränderung, die Transformation, springt von einem Zustand in einen völlig neuen, frei von Altlasten. Danach wird der Ursprung verdrängt. Über eine lange Zeit können kleine Schritte ähnliche Effekte erzielen. Der revolutionäre Wechsel, die reine Veränderung, führt schnell in einen neuen Zustand. Dabei sollte es sich nicht um flatterhafte Änderungen handeln, denn danach ist nichts, wie es vorher war. Die radikale Transformation schlachtet die Vorteile einer Innovation am schnellsten aus und wirkt vorausschauend am längsten.

Wandel überlagert alle Veränderungen und findet unentwegt statt, ob wir uns darum kümmern oder nicht. Dabei entstehen nicht nur Gewinne, sondern auch Verluste durch den Wegfall von etwas Altem, das einem wichtig geworden sein könnte. Für das Changemanagement bedeutet es, Fragen zu beantworten, ob und wenn ja, was und wie etwas geändert werden soll. Die nächste Veränderung bleibt nicht die letzte, egal, wie groß sie ist.

Fazit: Veränderung ist ein permanenter Wechsel der Zustände, unabhängig davon, ob er intern oder extern durch das Umfeld ausgelöst wird. Kontrolle besteht, wenn wir uns aktiv um die Neugestaltung kümmern. Jede Modifikation ist gut. Jede Umänderung ist nur ein weiterer, nie endgültiger Zustand. Nach der Veränderung ist vor der Veränderung.

Mit geschlossenen oder sogar offenen Augen fällt es uns schwer, Unterschiede zu erkennen – einerseits, weil wir für diese Unterschiede nicht sensibilisiert oder unaufmerksam sind und andererseits, weil sie nicht offensichtlich sind. Wir brauchen eine angemessene Beschreibung der Sachverhalte, um Veränderungen anzeigen zu können.

Schwankungen, die sich in einem vorbestimmten Bereich plus minus bewegen, erfordern kleine Maßnahmen, um den gewünschten Wert zu erreichen. Dafür müssen Normwert und maximale Abweichung festgelegt werden. Am besten erfolgt die Nachregelung am Ort des Geschehens durch die Mitarbeitenden.

Sobald bestimmte Schwankungen immer wieder das gleiche Nachjustieren erfordert, sollte ermittelt werden, was diese Abweichung auslöst. Im Toyota-Produktionssystem kann der Mitarbeitende das Fließband anhalten, um Probleme nachhaltig zu lösen. Hierfür müssen alle geschult werden und ein Mindset entwickeln, um das Band nicht ohne Grund zu stoppen.

Sobald sich die Lage durch neue Märkte, Produkte, Anforderungen grundsätzlich ändert, wirken die alten Ansätze nicht mehr. Der Moment ist erreicht für radikale Transformation. Hierfür ist ein Konsens der (Aus)Führenden unbedingt nötig, da ansonsten das Commitment fehlt und die Betroffenen nicht mitwirken.

WANDEL IST DIE ÜBERLAGERUNG ALLER ÄNDERUNGEN[19]

Komplexität – Die Natur von Veränderungen

VUKA beschreibt neue Qualitäten, die unsere Wirklichkeit betreffen – nichts bleibt, wie es wird; nichts wird wie gedacht; nichts lässt sich denken, wie es ist; nichts ist, wie es scheint.[20] Die Geschwindigkeit, mit der Neues auftaucht und wieder verschwindet, passt nicht zu unserer menschlichen Verarbeitungsgeschwindigkeit. Die Ansichten, die wir erkennen, sind stets unvollständig und damit unsicher. Es gibt Unmengen von Sachverhalten, die aus unterschiedlichen Perspektiven verschiedene Erkenntnisse liefern. Es wird beschwerlich, Gesetze zu formulieren.

Eine erste Klassifikation unterstreicht, wie schwer greifbar Veränderungen in diesem komplexen Umfeld sind. (1) Die Menge der Variablen und die Rechenzeit generieren **Berechenbarkeitskomplexität**. (2) Die **Informationskomplexität** besteht neben den wertvollen Inhalten aus unterschiedlichem Rauschen – zufälliges weißes Rauschen; niederfrequentes, braunes Rauschen; hoch-frequentes Blaues-/Violettes-Rauschen; schwarzes Rauschen (drückende Stille). (3) Die **Komplexität** entsteht zufällig, folgt chaotischen, periodischen oder fixen Attraktoren.[21] Das Rauschen, das bei der Kommunikation entsteht, wenn wir Botschaften senden, übertragen und empfangen, erzeugt die Informations- und Kommunikationstechnologien (IKT). Zusätzlich generiert unsere Umwelt störende natürliche und menschgemachte Nebengeräusche. Das Meta-Modell der Sprache verrauscht unsere Botschaften genauso wie die fehlerbehafteten Wahrnehmungskanäle (visuell, auditiv und kinästhetisch). Zusätzlich belastet wird unsere Auffassungsgabe durch unseren emotionalen Zustand – Angst, Überlastung, Begeisterung. Am Ende liefern unsere Kultur und persönlichen Mindsets zusätzliche Rauschfaktoren.

Komplexität ergibt sich aus den Artefakten und Konzepten sowie der Vernetzung von allem mit allem.

---

[19] Erstveröffentlichung 23.04.2017
[20] (Lapp, 2023)
[21] (Mainzer, 2008)

Schon Heraklit hat erkannt, dass sich alles ohne Unterlass verändert - alles fließt. Dadurch können wir nicht zweimal in den gleichen Fluss steigen. Das gilt bis heute. Am Ende des 19. Jahrhunderts wurde das Mikrofon mit dem Phonographen verbunden. Den Schlusspunkt der Entwicklung mit vielen Verbesserungen bildete das Tonbandgerät mit einem eingebauten Mikrofon, das es erlaubt, mehrere Kanäle parallel aufzunehmen. Eine große Disruption kam durch den Analog-Digitalwandler, der Bandrauschen eliminierte und es ermöglichte, die Klänge digital zu speichern. Eine grundsätzliche Transformation wurde durch die Miniaturisierung der Bestandteile geschaffen. Heute stehen Mikrofone mit einem eingebauten Aufnahmegerät zur Verfügung. Der Wandel ist am Ende die Überlagerung aller Verbesserungen, Veränderungen und Transformationen.

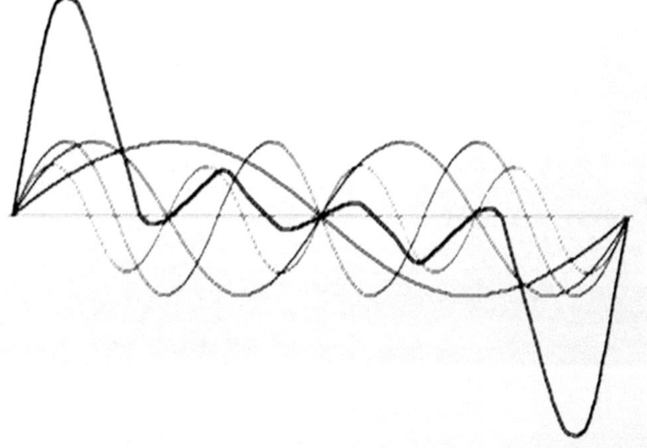

Abbildung 6: Wellenüberlagerung

Die Stärken der Änderungen lassen sich durch sich überlagernde Lebenszyklen darstellen. Die Amplituden und Frequenzen können dabei unterschiedlich sein. Manche erscheinen vermeintlich aus dem Nichts, wie beispielsweise das World Wide Web (Internet-Timeline, S.16). Am Ende macht die Komplexität der Überlagerungen es unmöglich, zukünftige Zustände vorherzusagen. Bei näherer Betrachtung ergeben sich folgende Unterschiede (siehe auch S.29).

- **Stabilisierung**
  Die Fehlerbehebung eines Einzelteils macht das große Ganze besser. Zu diesem Zweck wird der Baustein nicht ersetzt, sondern nur veredelt - durch Nachbearbeiten, Anpassen und Stärken der Bestandteile. Setzen wir ein besseres Öl ein, so läuft die Maschine gleichmäßiger. Solange sich an der grundsätzlichen Struktur nichts ändert bzw. die Nacharbeiten überschaubar sind, sprechen wir von Stabilisierung.

- **Verbesserung**
  Ersetzen wir einzelne Teile durch neue, sprechen wir von kleiner Veränderung. Dabei wird eine Komponente ausgetauscht, indem eine überarbeitete, umgestaltete oder völlig neu konzipierte entsteht. Ein gutes Beispiel war die Erfindung des Transistors, der in den Radios die fehleranfälligen Röhren ersetzte. Dabei wurden die veraltete Komponenten ausgetauscht und damit das große Ganze verbessert. Es änderte seine Grundstruktur nicht. Es gibt in Japan das kulturelle Schlüsselwort Kaizen für das schrittweise Verbessern, das dem westlichen KVP[22] ähnelt. Werden über die Zeit alle Bestandteile durch neue ersetzt, so ergibt sich mittelfristig eine weitreichende Transformation.

- **Transformation**
  Erfolgt eine grundsätzliche Erneuerung eines komplexen Systems, ändern sich die Parameter - Teile, Bausteine, tragende Elemente und vor allem die Bedienung, der

---

[22] KVP ist ein Akronym für Kontinuierlicher-Verbesserungs-Prozess.

Einsatzzweck und die Wirkung. Dabei verändert sich der Aufbau so drastisch, dass die zukünftigen Nutzer es nicht wiedererkennen und auf den Umbruch vorbereitet, herangeführt und geschult werden müssen. Üblicherweise fehlt zu Beginn das Verständnis für die Sinnhaftigkeit, die Notwendigkeit und die Einsatzmöglichkeiten. Transformationen haben einen weitreichenden Einfluss auf den Wandel.

Aus allen sich überlagernden Verbesserungen, Veränderungen und Transformationen ergibt sich Wandel. Ein gutes Beispiel sind die Kondratieff-Zyklen[23], die die Innovationswellen der Wirtschaft sichtbar machen. Im Laufe der Zeit bauen sich neue Ideen aufeinander auf und führen irgendwann zu einem Paradigmenwechsel. Dabei handelt es sich um Wandel, der dauert. Am Ende ist ein sehr großer Bereich betroffen. Ein solcher Wandel ist die Künstliche Intelligenz. Im Dartmouth-College fand 1956 der Workshop *Dartmouth Summer Research Project on Artificial Intelligence* statt. 1970 gründete einer der Teilnehmer, Marvin Minsky, das *MIT AI Lab*. [24] Und heute erwarten viele große Fortschritte von der Generativen KI – nach fast siebzig Jahren und zwei KI-Wintern.

Je nach Stärke der Änderung wird von den Betroffenen mehr oder weniger Umdenken gefordert. Die Verbesserung und Veränderung, die sich auf klare Strukturen und mechanische Systeme beziehen, werden oft übersehen. Sie verstecken sich in technischen Interna und machen sich bei der Bedienung nicht oder nur gering bemerkbar.

---

[23] Kondratieff hat fünf Konjunkturwellen beschrieben: (1) Dampfmaschine/ Baumwolle, (2) Eisenbahn/ Stahl, (3) Elektrotechnik/ Chemie, (4) Petrochemie/ Automobil, (5) Informationstechnik. (Nefiodow, 1990)
[24] (Mitchell, 2009)

Bereits die Transformation liefert große Umbrüche. Es ändern sich viele Aspekte gleichzeitig und erfordern ein Umdenken der Nutzer, das natürlicherweise zu Widerständen führt. Die Betroffenen müssen zuerst einmal mit dem Neuen bekannt gemacht werden. Dann sind Einführungen notwendig, die die sachgemäße Anwendung vermitteln. Letztlich brauchen derartige Neuerungen auch neue Regelungen, die den sicheren Einsatz gewährleisten.

Fazit: Änderungen finden in unterschiedlichen Stärken statt. Der Wandel ergibt sich schließlich aus der Überlagerung der Veränderungsdynamiken der verschiedenen Bestandteile. Je stärker die Umänderung, desto mehr müssen wir uns mithilfe von Changemanagement um das Verständnis der Nutzer bemühen.

Der Anfang und das Ende der Komplexität sind gekennzeichnet durch das Fehlen einer Situationsbeschreibung. Dies bedeutet jedoch nicht, dass hier keine Bedrohung lauert. Deshalb müssen wir diesen Zustand überwinden, indem wir die Gegebenheiten einfach zusammenfassen, d.h. die für uns wesentlichen Kriterien ermitteln.

Die Beschreibung wird erst dann nützlich, wenn nicht nur Kennzahlen ermittelt sind, sondern für jeden Wert die akzeptable Amplitude bestimmt ist. Darauf aufbauend werden die Hebelpunkte gesucht, mit denen das gewünschte Gleichgewicht hergestellt wird.

Da sich alles in Bewegung befindet, bleibt nichts anderes übrig, als irgendwann die Situation zu verbessern, d.h. in das komplexe System einzugreifen und es in kleinen Schritten langfristig zu ändern. Die Aufmerksamkeit sollte dabei auf den kollateralen Schäden liegen, die ungewollt entstehen und zusätzliche Maßnahmen erfordern.

Die Komplexität verhält sich wie der Gordische Knoten (Lapp, 2024). Jede Veränderung zieht den Knoten fester. Irgendwann ist der Moment erreicht, wo er nur noch wie von Alexander dem Großen gelöst werden kann, indem er zerschlagen wird – eine radikaler Ansatz, der die gewünschte Wirkung erzielte. Dabei ist zu berücksichtigen, dass das Neue nicht die Zeit eines Start-ups hat, sondern zeitnah eine ähnliche Komplexität erreichen muss, um das Überleben des Ganzen zu sichern.

ZEIT DES RADIKALEN WANDELS[25]

Radikale Transformation

Revolution, Umsturz und Reorganisation sind ähnliche Begriffe des Changemanagements (CM). Ändern sich die Gegebenheiten von Grund auf, dann sprechen wir von *Transformation* oder Veränderungen zweiter Ordnung. Der Begriff *radikal* unterstreicht die vollständige Umgestaltung. Im ersten Schritt werden die Grundlagen abgelöst und danach das Ganze komplett erneuert. Die in dem Begriff *radikal* mitschwingende Rücksichtslosigkeit ist zwar kontraproduktiv, aber es unterstreicht die fundamentalen Änderungen. Die Entscheidenden weisen damit die (Aus)Führenden auf die Wichtigkeit von begleitenden CM-Maßnahmen hin, da die Betroffenen absehbar in Widerstand gehen. Beispiele für radikale Transformationen:
- **P**olitische Umbrüche, die alte Mindsets obsolet machten: Französische Revolution 1789, Russische Revolution 1917, Ende des Kalten Krieges 1989.
- wirtschaftlich**E** Umbrüche, die veraltete Ansätze unwirtschaftlich machten: Internationalisierung des Handels ca. 3000 v.Chr. [26], Erste bis vierte Industrielle Revolution   (Maschinen, Massenproduktion, Computer, Digitale Transformation) ab dem 18. Jahrhundert
- **S**oziale Umbrüche, die die gesellschaftlichen Normen komplett änderten: Abschaffung der Sklaverei in den USA 1865, Perestroika und Glasnost 1986, Ende der Apartheid in Südafrika 1990-1994
- **T**echnologische Umbrüche, die zu neuen Lebenswelten führten: Steinwerkzeuge vor 2 Millionen Jahren, Metallurgie ab 3300 v.Chr., Druck mit beweglichen Lettern 1450, World Wide Web 1993
- recht**L**iche Umbrüche, die das Rechtsverständnis um 180 Grad drehten: Kodex Hammurabi 1800 v. Chr., Magna Charta 1215, Allgemeine Erklärung der Menschenrechte 1948
-o**E**ekologische Umbrüche, zur Erhaltung der Viabilität der Erde: Beginn der Umweltbewegung 1972, Gründung Die Grünen 1980, Montreal-Protokoll 1987

Im Alltag profitieren wir von Sachverhalten, die wir kennen und für die wir uns ein Repertoire an Verhalten erarbeitet haben. Je nach Veranlagung verunsichern uns Change mehr oder weniger. Damit wir von kommenden Ereignissen nicht

---

[25] Erstveröffentlichung 27.07.2019
[26] Handelsnetze im östlichen Mittelmeer (Cline, 2015/2021)

zu sehr überrascht werden, versuchen wir die Zukunft vorherzusehen und uns darauf einzustellen. Zu diesem Zweck betrachten wir Stellgrößen, die sonst eher zufällig berücksichtigt werden wie Zukunftsfähigkeit der Produkte, absehbare Technologien und Marktentwicklungen. Diese Frühaufklärung stellt Zusammenhänge her, die aus kleinsten Einflüssen bestehen. Diese Ideen unterstellen aufgrund ihrer feinen Granularität Genauigkeit. Es gibt jedoch Zeiten, in denen die Veränderungen nicht nur im Kleinen stattfinden, sondern im Großen. Wenn dann noch gleichzeitig viele grundsätzliche Umwandlungen stattfinden, sind wir in der Zeit des radikalen Wandels – z.B. Umweltzerstörung, Bevölkerungswachstum, Deglobalisierung[27], globale Machtverschiebungen, Digitalisierung, Pandemien, Völkerwanderungen, sozialer Wandel.

Abbildung 7: Welt im Umbruch

---

[27] Das Pendel schwingt von zunehmender zurück zu geringerer internationaler Verflechtung der Wirtschaft. Wiederaufkommen von National- und Separatismus.

Darum werfen wir einen kurzen Blick auf die STEP-Einflüsse, in denen diese Bedrohungen auftreten.

- **Sozio-kulturelle Einflüsse**
  Die Welt ist heute transparenter und leichter erreichbar. Diese Nähe schafft eine komplexe Vielfalt von konkurrierenden, widersprüchlichen Wertesystemen. Schleichend verlagerten sich die Kräfte, die lange über das Weltgeschehen bestimmten, weg vom Westen hin zu den aufstrebenden Regionen in Asien und Afrika. Beispiele sind die neuen Seidenstraßen, die derzeit die klassischen Routen der Wirtschaft herausfordern. Sie ermöglichen es China seine gut ausgebildeten Menschen, die durch ein über Jahrtausende bewährtes Wertesystem zusammengehalten werden und mit einem geschichtlich fundierten Selbstbewusstsein ausgestattet sind, global aufzustellen. Dieser Umbruch, der seit Jahren beobachtbar ist, verschiebt den Schwerpunkt vom Atlantik zum Pazifik und löst damit das Machtgefüge des zwanzigsten Jahrhunderts ab. Die Gesellschaften, die seit der Entdeckung Amerikas zugunsten der alten Welt ausgenutzt wurden, lösen sich von alten Gepflogenheiten und lassen das Pendel in Richtung Süden und Osten schwingen. Wir erleben die ersten soziokulturellen Auswirkungen mit der zunehmenden Wiederbelebung der Nation und den hysterischen Maßnahmen, sich mit Handelshemmnissen nach außen abzuschotten. Die alten Bestimmungen gelten nicht mehr und die neuen werden woanders gemacht. Unternehmen, NPOs und NGOs sowie andere globale Einrichtungen müssen sich neu ausrichten.

- **Technologische Einflüsse**
  Vierzig Jahre nach der Einführung des PCs hat die Informationstechnik (IT) alle Bereiche durchdrungen. Zeitgleich wurde ein Netz aufgebaut, das es uns ermöglicht, mit einem Klick mit jedem beliebigen Punkt der Erde verbunden zu sein - sofern die benötigte Elektrizität und der Zugang zum Netz verfügbar sind. Die aktuelle Welle der digitalen Transformation ist dabei nichts weiter als

ein neuer Versuch, den Stellenwert der IT zu erhöhen - Big Data, Künstliche Intelligenz, Erweiterte Intelligenz, Automatisierung, Robotik, 3D-Druck usw. Während in der Vergangenheit gegen unmenschliche Arbeitsbedingungen demonstriert wurde, lamentieren heute die gleichen Gruppen, dass sie durch die Digitalisierung bei der Herstellung von Gütern, der Erbringung von Dienstleistungen und der Verwaltung der Tätigkeiten ihrer Lebensgrundlage beraubt werden. Die neuen Entwürfe sind zu sehr auf einzelne Werkzeuge fokussiert, anstelle ganzheitliche Lösungen zu schaffen, die den Menschen weiterhin Aussichten bieten, ihren Lebensunterhalt verdienen zu können. Die Virtualisierung, d.h. die Abbildung der materiellen Welt im Rechner, erzeugt mit den Digitalen Zwillingen und den mitdenkenden Robotern neue Möglichkeiten, Geschäfte zu machen. Vor allem der einfache Zugang zu Märkten für Alle, egal wo sie sich befinden, braucht ein neues Verständnis von Arbeitszeit und -ort. Alte Fähigkeiten werden durch bisher wenig bekannte ersetzt - von der Durchführung einer Tätigkeit hin zur Überwachung; von der Verarbeitung von Wissen hin zur Erzeugung; von der Auswertung von Daten hin zur Interpretation. Dieser Umbruch betrifft **alle**. Die Fertigkeiten und Fähigkeiten müssen vermittelt und erlernt werden, damit die (Aus)Führenden sich an diesem Umbruch beteiligen können.

- **oEkonomische Einflüsse**

Seit wir am 24. Dezember 1968 auf dem Photo *Earthrise* von William Anders unseren blauen Planeten von außerhalb betrachten konnten, sollte uns klar sein, dass wir in einem endlichen System leben. Ein derart abgeschlossenes System kann nicht wachsen, ohne aus seiner Umwelt Energie zu erhalten. Und trotzdem versuchen heute noch Einzelne andere Länder zum eigenen Vorteil auszunutzen, indem sie meinen den Markt und Währungskurse beeinflussen oder Beschränkungen aller Art als Trumpf ausspielen zu können. Das hierfür benutzte Nationalbewusstsein treibt die Bevölkerung in Chauvinismus und Xenophobie gegen den Rest der Welt, gefährdet den Frieden und lässt alte Konflikte wieder aufleben. Wenn der wirtschaftliche Erfolg auf dem Verlust Anderer beruht, sollten sich die Verantwortlichen bewusst sein, dass wir in einer Welt leben, in der es keine Anderen mehr gibt - Klima, Luft- und Wasserverschmutzung kennen keine Grenzen; globale Liefernetze haben die Tätigkeiten von einem Ort weg hin zu einem anderen verschoben; die Verschuldung der Welt ist eine Mär von denen, die die finanziellen Ressourcen aus der linken Tasche in ihre eigenen Taschen verschieben. Es ist unausweichlich, das Währungssystem zu vereinheitlichen, Arbeit und Einkommen so zu verteilen, das das Über-leben aller gesichert und Wirtschaften neu verstanden wird – nicht ob, sondern wann ist die Frage. Nicht Wachstum, vielmehr Viabilität ist das Ziel für geschlossene System.

- **Politische Einflüsse**
Die Virtualisierung der Welt hat die politischen Grenzen verschwinden lassen. Die entscheidende Grenze ver-läuft nicht mehr zwischen links und rechts, sondern zwischen Extremen und Normalen oder zwischen Reli-gionen oder zwischen Kulturen. Das Motto *Wir-haben-recht-die-Anderen-liegen-falsch* passt nicht mehr in die Zeit, wenn wir mit einem Klick in eine beliebige Region gelangen, in der andere Regeln und Gesetze gelten. Der Blick durch das Fenster des Bildschirms fühlt sich unge-fährlich an, da wir uns weiterhin im eigenen Rechtsraum wähnen. So bestellen wir etwas im Ausland, aber sobald die Lieferung unsere Landesgrenze überschreitet, gelten nationale Standards und Gesetze. Das führt dazu, dass der Betrieb bestimmter Geräte auf einmal nicht erlaubt ist oder Einfuhrzölle anfallen. Im Gegenzug werden Ver-träge zwischen Ländern und Wirtschaftszonen vereinbart, die zusätzliche Bestimmungen schaffen, in denen die Vor- und Nachteile abgestimmt sind und die alles immer komplexer machen und nur noch von Experten ver-standen werden. Obwohl derartige Regeln alle be-treffen, werden sie hinter verschlossenen Türen verhandelt

und verabschiedet, wie wir bei TTIP gesehen haben. Dass wir uns auf derartige Abkommen nicht mehr verlassen können, hat uns Donald Trump gezeigt, der autokratisch unter dem Motto „America First" internationale Abkommen und Mitgliedschaften kündigte[28]. Neben der Wirtschaft hat die Politik weitreichende Befugnisse, die sich auf nichts weiter als Wahlen alle paar Jahre stützen. Solange die Machtblöcke der Welt miteinander im Wettbewerb liegen, können Autokraten die erreichten Vereinbarungen infrage stellen und jederzeit aufkündigen – ohne Rücksicht auf die Konsequenzen für die Wähler. Es braucht ein anerkanntes, zeitgemäßes, globales Gremium, das die nationalen Bürokratien verschlankt – EINE Währung und EIN Rechtssystem für den einen blauen Planeten, den wir ALLE bewohnen.

Fazit: Wir brauchen keine feinjustierten Messpunkte, um zu erkennen, dass wir uns in einer Zeit des Umbruchs befinden, der alles Bisherige auf den Kopf stellt. Die großen Umbrüche sind mit dem bloßen Auge erkennbar. Die neue Aufteilung der Welt passt nicht mehr zu den Gesellschaften. Der Computer und die Vernetzung lassen die Grundlagen alten Wirtschaftens verpuffen. Dadurch ändert sich das Wirtschaften wesentlich. Und die Masse der Arbeitnehmer macht sich Sorgen, womit sie morgen ihr Geld verdienen. Gleichzeitig stecken die Politiker in dem Dilemma zwischen globaler oder nationaler Politik, was die Rechten hinter den Öfen hervorlockt. Ein Jeder-für-sich wird die Gefahr von

---

[28] So hat Donald Trump die folgenden Vereinbarungen gekündigt: das Pariser Klimaabkommen, die Transpazifische Partnerschaft (TPP), das iranische Nuklearabkommen (JCPOA) oder den Vertrag über nukleare Mittelstreckensysteme (INF-Vertrag). Er verließ sogar die UNESCO und den UN-Menschenrechtsrat, was jedoch nach seiner Abwahl rückgängig gemacht wurde.

internationalen Konflikten heraufbeschwören, die selbst die Idylle der westlichen Welt in Schutt und Asche legen kann. Der Erste Weltkrieg hat die Massenvernichtungswaffen gebracht. Der Zweite Weltkrieg brachte die Atomwaffen. Der dritte Weltkrieg findet wahrscheinlich schon eine Weile in der Virtualität statt - wer glaubt denn, dass nur Russland Telefone abhört, das Internet zur Manipulation der Massen einsetzt und Computer zu allen erdenklichen Destabilisierungen nutzt. Was braucht es eigentlich noch, um den Umbruch zu bemerken. Das bedeutet für ALLE, dass sie sich mit diesen Veränderungen beschäftigen müssen. Unternehmen, die derzeit keine Antworten auf diese Umbrüche parat haben und sich nicht aktiv darauf vorbereiten, handeln, im wahrsten Sinne des Wortes verantwortungslos. Neue Ansätze werden benötigt für die Gesellschaft, den Einsatz der Technologien, die Geschäfte und für die Vertreter der Bevölkerung.

Es ist Zeit für radikale Transformationen - Jetzt!

Ein blinder Fleck schützt nicht vor radikalen Veränderungen. Auch wenn wir sie nicht bemerken, können sie gravierende Auswirkungen auf uns haben. Denken wir an Künstliche Intelligenz. Spätestens aufgrund der vielen Publikationen und Diskussionen sollten Sie sich fragen: Was ist KI? Wie könnte sie mir nutzen? Wie schaden? Was muss ich tun? Jetzt?

Wie ein Tsunami kündigen sich größere Veränderungen durch kleine Abweichungen an, die am Touchpoint aufgefangen werden. Die (Aus)Führenden müssen die Fähigkeit entwickeln, zwischen natürlichen Schwankungen und Vorboten von etwas Großem zu unterscheiden, ohne sich mit jeder Feinheit bewusst auseinanderzusetzen. Vor allem die Menschen an den Touchpoints sollten ein Gespür dafür entwickeln: Was ist eine natürliche Abweichung und was ist ein systemischer Fehler? Handelt es sich um eine kontinuierliche Verschärfung oder das übliche Ungleichgewicht? Wen brauche ich zur Lösung?

Kleine Abweichungen werden lokal bemerkt und führen zu kleinen Veränderungen an den Gegebenheiten. Sie zeigen sich unabhängig voneinander in Abläufen, Systemen und Datenstrukturen. Finden sie häufig statt, sollte überlegt werden, ob das Problem nicht grundsätzliche Ursachen hat. Folgende Fragen poppen auf: Ab welcher Frequenz sollte die Betrachtung erweitert werden? Wie hängen die

Verbesserungen zusammen? Erzeugen die Regeln die Schwierigkeiten? Besteht Handlungsbedarf für eine umfassendere Maßnahme?

Änderungen im politischen, wirtschaftlichen, sozialen, technischen, rechtlichen oder ökologischen Umfeld erzeugen starken Handlungsdruck – wenn eine Revolution in einem Land die Verhältnisse auf den Kopf stellt; wenn die Lieferketten zusammenbrechen; wenn die gesellschaftliche Akzeptanz durch eine falsche Strategie verloren geht; wenn die Künstliche Intelligenz das bisherige Geschäftsmodell zerstört; wenn die rechtlichen Rahmenbedingungen bisherige Rohstoffe verbieten; wenn Umweltauflagen zur Schließung von Standorten führen.

Spiegelneuronen – Autostart für Veränderung[29]

Versuch einer Erklärung

Unser Gehirn ist eine Blackbox, die wir mit immer neuen Technologien beobachten. Das System der Spiegelneuronen wurde erst in den Neunzigern des letzten Jahrhunderts entdeckt und erklärt, dass eine beobachtete Aktion mit einer motorischen Vorstellung eigener Aktionen im gleichen Bereich unseres Gehirns gespeichert und abgerufen wird. Die gleichen neuronalen Muster werden aktiviert, egal, ob wir diese Handlung ausführen oder sie beobachten. Dies führt zu spontanen, unbewussten Aktionen – z.B. wenn eine Person sich überraschend duckt und daneben Stehende auch ihren Kopf einziehen. Oder wenn wir die Handlung von anderen imitieren – z.B. wenn jemand gähnt und wir diesen Impuls unwillkürlich übernehmen. Die Imitation erfordert den Abruf von motorischen Akten, den Aufbau einer Reihenfolge und die Verfeinerung des Vorgangs.[30] Diese Gehirnfunktionen bestehen bereits bevor wir auf andere Weise kommunizieren. Es wird vermutet, dass wir die Absichten und Ziele von anderen verstehen, indem wir unsere mentalen Aktivitäten nutzen, um ihre Bewegungen mit unserem motorischen und ihre Gefühle mit unserem affektiven Programm zu simulieren.[31]

Vermutlich ermöglichen die Spiegelneuronen:
- **Empathie und soziales Verständnis** von Handlungen, Absichten & Gefühlen
- **Lernen durch Beobachtung** der Aktionen von anderen
- **Entwickeln von Sprache** durch Nachahmen von Lauten, Aussprache und Worten mit ihren Bedeutungen
- **Kulturelle Übertragung** der Fähigkeiten, Verhalten, Normen und Praktiken zu erlernen.

Im Gegensatz zur Speicherung von Daten in Computern besteht unser Lernen aus der Anhäufung von Erfahrungen, die sich zunehmend durch die Verknüpfung von Neuronen im Gehirn aufgrund von Ähnlichkeit und Konnexen ver-

---

[29] Erstveröffentlichung 03.08.2019
[30] (Stamenov, et al., 2002)
[31] (Glimcher, et al., 2009)

ankern. Je mehr wir wissen, desto leichter wird es, etwas Neues zu lernen. Die spannende Frage ist, wie die Aktivierung der ersten Neuronen beginnt, solange es noch keine Anknüpfungspunkte gibt. Vielleicht sind es die Spiegelneuronen, die die Akte von anderen in eine innere Repräsentation der beobachteten Handlung überführen und so die allererste Speicherung auslösen. Dabei werden nicht nur die einzelnen Bewegungen und deren Ablauf verinnerlicht, sondern auch deren Zweck. Danach haben Handlungen für uns, ob wir wollen oder nicht, eine Bedeutung und werden Bestandteil unseres motorischen Wortschatzes. [32]

Abbildung 8: Verhalten spiegeln

[32] (Rizzolatti, et al., 2008)

Neugeborene besitzen bereits kurz nach der Geburt über grobe, native Mechanismen, mit denen sie einfache Gesten und Mienenspiele ihres Gegenübers spiegeln können. [33] Nehmen wir Minuten nach der Geburt ein Baby auf den Arm und strecken die Zunge heraus, passiert etwas Erstaunliches: Das Baby streckt ebenfalls die Zunge heraus. Diese Fähigkeit der Nachahmung könnte die genetische Grundlage für Lernen sein. Was bedeutet diese Fähigkeit für uns?

- **Wir können völlig Neues lernen**
  Wer einmal eine Fremdsprache aus einem anderen Kulturraum gelernt hat, kennt den Effekt. Für buchstabengewohnte Menschen wird das Erlernen von zeichenbasierter Kalligrafie wie Chinesisch oder Japanisch anfangs zu einer zusätzlichen Hürde - die „unlesbaren", logographischen Zeichen, deren Aussprache sich nicht aus der Schreibung ableiten lassen, sondern gelernt werden müssen. Nachdem allerdings die Grundlage der Neuronen durch regelmäßiges Nachmachen und Üben geschaffen ist, wird es stetig leichter, zusätzliche Zeichen zu speichern.
  Das Gleiche gilt in anderen Lebensbereichen. Sobald wir eine neue Arbeitsweise übernehmen sollen, fällt es erst einmal schwer, uns von alten Mustern zu lösen sowie das Neue anzunehmen und zu verstehen. Die Betroffenen müssen dabei ihre bestehenden mentalen Modelle neu verschalten. Es braucht Vorlagen, die die Lernenden nachahmen können. Dabei helfen Geschichten, die erzählt, oder Rollenspiele, die vor- oder besser ausgeführt werden - oder Artikel, Bücher, Podcasts oder Videos. Mit diesen Startimpulsen wird den Betroffenen das Lernen erleichtert.

---

[33] (Iacoboni, 2008)

- **Gemeinsames Lernen ist produktiver**
Futter für Spiegelneuronen findet sich im direkten Umfeld. Es braucht eine Quelle, an der wir uns orientieren und die wir imitieren können. In der Grundschule lernten wir früher Malen, indem wir um den Lehrer herum standen und ihm beim Malen eines Baums voll von weißen Blüten aus Deckweiß zuschauten. Auf diese Weise wurden die Spiegelneuronen mit den Verhaltensmustern des Lehrers versorgt, die dann beim eigenen Malen genutzt und verstärkt wurden. Und es gab die Möglichkeit, beim Nachbarn weitere Tricks zu lernen.
Im Geschäftsleben werden derartige Lernsituationen durch Übungen geschaffen, in denen die Teilnehmer Aufgaben im Team lösen. Diese Art des dynamischen Lernens in einer Business Exercise[34] knüpft an die Erfahrungen der Teilnehmer an und gibt Gelegenheit, sich gegenseitig zu ergänzen.

- **Denkbeschränkungen sind kontraproduktiv**
Da es sich beim Lernen zu großen Teilen um eine unterbewusste Aktivität handelt, sind alle Arten von Denkbeschränkungen schädlich für den Fortschritt. Es darf keine Denkverbote, Kritik, Wertungen oder Ähnliches beim Lernen geben. Im Gegenteil. Die Teilnehmenden sollten animiert werden Ihren Intuitionen zu folgen, Gedanken von Anderen weiterzuspinnen und Undenkbares, Unmögliches und Unsinniges einzubringen, denn das erweitert die bestehenden Verschaltungen im Gehirn der Beteiligten auf, die erweitert werden sollen. So erzeugen die Beteiligten etwas Größeres, als sie alleine zuwege gebracht hätten. Alles, was es dafür braucht,

---

[34] (Lapp, 2017)

sind Regeln, die das Wissen, die Erfahrungen und Meinungen erlauben und fördern - z.B. wie die Regeln im Brainstorming[35] oder der Prozess des Design Thinking[36].

- **Spontanität zulassen**
  Streckt das Baby nach der Geburt die Zunge heraus, wenn es jemanden die Zunge herausstrecken sieht, so handelt es sich nicht um einen bewussten Akt, sondern um einen angeborenen Reflexes. Erwachsen haben wir uns daran gewöhnt, mit Denkbeschränkungen zu leben. Dies führt dazu, dass wir nicht mehr spontan sind - weil wir gelernt haben Kritik und Maßregelungen mit vorauseilendem Gehorsam aus dem Weg zu gehen. Möchten wir große Fortschritte ermöglichen, müssen wir die natürlichen Impulse der Spiegelneurone zulassen und fördern. Im Alltag schränken sich Teams ein, indem sie sich gegenseitig ausbremsen oder auffordern, der Meinung der Mehrheit zu folgen und ihre Ideen zurückzuhalten. Ursache ist das Gruppendenken, das den Zusammenhalt sichert. Oder der Wunsch sich Arbeit zu sparen. Oder aus Angst vor einer schlechten Rückmeldung. Deshalb ist es so wichtig, die Teilnehmenden zu ermutigen, sich offen auszutauschen, ohne Angst vor Konsequenzen zu haben. Zusätzlich helfen anonymisierende Techniken die Hürden für die Teilnehmer abzusenken, wie schriftliche Äußerungen auf Metaplankarten, die eingesammelt und dann besprochen werden.

- **Aber … Auf kognitive Verzerrungen achten**
  Arbeitende Spiegelneuronen sind jedoch nicht nur von

------

[35] (1) Wertendes Urteilen ist ausgeschlossen. (2) „Wildheit" ist erwünscht. (3) Menge ist gewollt. (4) Kombinieren und Verbessern wird angestrebt. (Osborn, 2009)

[36] (Curedale, 2019)

Vorteil. Durch sie schleichen sich auch Automatismen in unsere täglichen Entscheidungen ein - die sogenannten kognitiven Verzerrungen (Bias). So haben Gruppen die Tendenz, schlechtere Entscheidungen zu treffen, weil sie sich an die Gruppenmeinung anpassen, obwohl sie es besser wissen. Oder der Halo-Effekt, der bewirkt, dass wir unsere Erwartungen an eine Person von deren bekannten Eigenschaften ableiten, obwohl diese Annahmen falsch sein können. Spiegelneuronen wirken immer, auch wenn es nicht von Vorteil ist.

Für die Praxis erfordert das ein sensibles Hineinhören in das Geschehen. Durch gezielte Störungen, z.B. durch eine Antithese, wird zum Denken angeregt und Gruppeneffekte verringert.

Fazit: Wir lernen am besten, wenn wir Neues in der Gruppe ausprobieren. Dabei helfen Spiegelneuronen unterbewusst unser Verhalten an Menschen anzupassen, die um uns herum in einer ähnlichen Situation sind. Dies passiert in Sitzungen, Workshops und anderen Veranstaltungen. Wir können dadurch auftretende Startschwierigkeiten in einem ungewohnten Umfeld überwinden, das wir mit unseren Erfahrungen noch nicht verbinden können, weil es beispielsweise unbekannt ist. Unsere Spiegelneuronen machen das Lernen im Team zu einer Schnellstraße der Veränderung. Denkbeschränkungen stören dabei und verhindern spontane Ideen, die noch kein Allgemeingut sind. Sie sollten gefördert und wertgeschätzt und nicht mit Killerphrasen unterdrückt werden. Es ist jedoch geschickt, wenn die unerwünschten kognitiven Verzerrungen, die sich ergeben, beobachtet und thematisiert werden. Unsere Spiegelneuronen sind besonders nützlich bei radikalen Transformationen, da sie einen Autostart für Veränderung ermöglichen.

Im Dunkel der Unwissenheit sehen wir nichts, was wir imitieren können. Selbst beim Anblick von etwas völlig Unbekanntem sehen wir nur etwas, das wir uns nicht erklären können. Diesen Zustand überwinden wir, wenn wir Unerklärliches hinterfragen und damit einen Ansatzpunkt erhalten.

Ungleichgewicht kann entstehen, wenn wir bei anderen ein Erfolg versprechendes Verhalten beobachten und in unsere Gegebenheiten übertragen. Das entstehende Ungleichgewicht erfordert das Nachjustieren.

Versprechen die Änderungen kleine Verbesserungen, dann können Sie durch „kreativen Klau"[37], i.e. die Imitation von geschickten Lösungen, die eigenen Ansätze schrittweise verbessern. Dabei können passende Teile verschiedener Konzepte übertragen werden.

Radikale Transformation entsteht eher nicht durch „Kopieren" von grundsätzlichen Geschäftsmodellen eines erfolgreichen Unternehmens. Da die Ausgangslagen, die Kontexte und die Anlauf-phasen unterschiedlich ausfallen, lassen sich die etablierten Muster nicht einfach übertragen. Allerdings können Geschäftsmodelle wie Online-Handel, Direktvertrieb oder individualisierte Massenproduktion genutzt und zu eigen gemacht werden, d.h. an die eigene Unternehmenssituation angepasst werden.

---

[37] (Peters, 1988)

VERÄNDERUNG IST MEHR ALS EIN „ACH SO"[38]

Das Beispiel Enterprise Resource Planning (ERP)

Im Schatten der technischen Entwicklung veränderten sich schon immer die Geschäftsmodelle der Unternehmen – Einsatz von Wasser- & Dampfkraft, arbeitsteilige Massenproduktion, Automatisierung durch Elektronik und IT[39]. Die Informationstechnologie löste unter anderem manuelle Datenerfassung und -verarbeitung, papierbasierte Dokumentation, langwierige Erstellung von Berichten und hausgemachte Programme durch standardisierte ERP-Systeme ab. Dadurch sollten die Aufgaben der eigenen Programmierer an Softwarehäuser ausgelagert werden, die allgemeine Konzepte und Strukturen mit standardisierten ERP-Systemen bereitstellten – weg von der individuellen Programmierung hin zum Customizing von branchenspezifischen Frameworks. Dieser Umbruch findet seit den Achtzigern des letzten Jahrtausends statt. Heerscharen von Spezialisten bemühen sich seitdem, die geschäftlichen Strukturen an die Systemstrukturen anzupassen. Trotz jahrzehntelangen Integrationsanstrengungen finden unter dem Schlagwort *Business Development* immer noch Projekte zur Optimierung der Abläufe statt. Es fehlt jedoch das Verständnis der Nachteile von Silodenken und der Funktionsweise von Geschäftsprozessen. Erzeugt wurde nur eine außer Kontrolle geratene Bürokratie, die versucht, alles in eine ablauffähige Form zu pressen, die digitalisierbar ist. In Zeiten von VUKA[40] haben sich diese Ansätze überlebt. Alles ist zu volatil, unsicher, komplex und ambig geworden. Und die ERP-Systeme, die einst die gewachsenen, firmenspezifischen Dinosaurier ablösten, sind selbst zu Ungetümen geworden, die Unternehmen erdrücken und jegliche Adaptabilität[41] verhindern.

Mit einem „Ach so", der Einsicht in die Notwendigkeit, ändert sich noch nichts. Transformation dauert!

---

[38] Erstveröffentlichung 14.01.2016
[39] (Manzai, et al., 2016)
[40] (Lapp, 2023)
[41] (Lapp, 2022)

Der Irrglaube von Führungskräften und Beratern, dass Veränderung nichts weiter ist als ein Schalter, der nur umgelegt werden muss und schon ist die Änderung vollzogen, führt zu falschen Erwartungen. Bisher konnten sie offenbar noch nicht lernen, dass alle weitreichenden Umgestaltungen dauern. Sie meinen, ein gewünschtes Verhalten durch Vorgaben, kurzfristige Maßnahmen und neue Strukturen in der gesamten Belegschaft einführen zu können, obwohl Änderungen länger brauchen als ihr „Ach so".

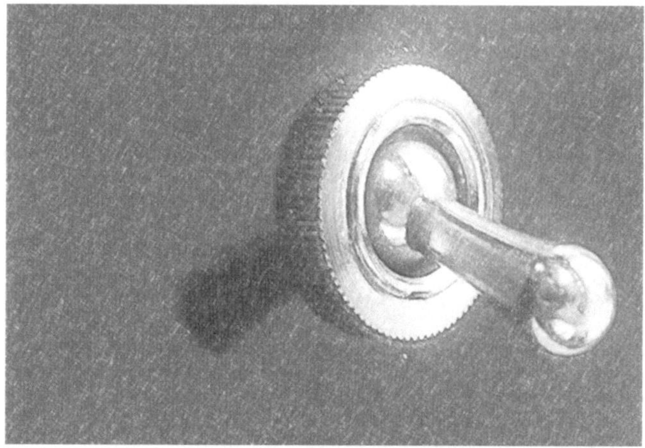

Abbildung 9: Einfacher Schalter

Veränderung beginnt, lange bevor der eigentliche Knackpunkt in Sichtweite gerät. Die folgenden Schritte beschreiben die Zeit davor (Bemerken), den Moment der Erleuchtung (Verstehen), die Festlegung des Neuen (Gestalten) und den Schmerz der Umsetzung (Umgewöhnen) (Die Tür - Metapher für Veränderung, S.23).

- **Bemerken - Ups**
  Selbst Praktiker der Vogelstrauß-Politik kommen nicht umhin, das Gefühl der Unsicherheit zu spüren. Irgendetwas stimmt nicht und erzeugt mit der Zeit einen Druck, der sich nicht lokalisieren lässt. Schließlich wird es so unangenehm, dass der Leidensdruck einen zwingt, sich dem

Problem zu stellen und es näher zu betrachten. Ohne regelmäßigen wechselseitigen Austausch von Meinungen und Gefühlen kann es Jahre dauern, bis die (Aus)Führenden an diesen Punkt gelangen. Dieser Schritt endet mit dem ausformulierten Problem, das gelöst werden soll.

- **Verstehen - „Ach so"**
  Veränderungen geht ein überzeugtes „Ach so" voran. Das verstandene Problem und die Notwendigkeit der Umgestaltung werden von den Entscheidenden erkannt. Es ist, als ob sich ein Knoten auflöst, als wäre er nie da gewesen. Die Griechen nannten es „Heureka". In Japan ist das deutsche „Ach so" sogar Teil der Alltagssprache - getoppt nur vom japanischen なるほど (naruhodo). Die innerliche Überzeugung, aktiv werden zu müssen, ist die Voraussetzung für wirkliche Veränderung. Damit sich das ganze Unternehmen auch dreht, muss jede einzelne Person durch die Schleuse des persönlichen „Ach so's" hindurch.

- **Gestalten - So geht's**
  Mit der Einsicht, dass etwas geändert werden muss, bleibt noch unklar, das Was und das Wie. Ein ungewollter Zustand hat unermesslich viele unterschiedliche Auswege. Diese neuen Pfade bedeuten für alle etwas anderes und benötigen darum im ersten Schritt ein sich aufeinander einstellen. Mit dem gewünschten zukünftigen Zustand vor Augen kann das neue Verhalten ausgestaltet werden. Dies reicht von neuen Geschäftsmodellen, Abläufen und Programmen über verbesserte Regeln, bis hin zu einem neuen Mindset, all dem, was das Geschehen ausmacht. Die Ausarbeitung des zukünftigen Geschäfts liefert schlüssige Erklärungen der neuen Wirklichkeit, die besser sein werden als die alte ohne die aktuelle Situation zu verschlimmbessern. Danach beginnt das Umgewöhnen.

- **Umgewöhnen - Aua**
  Sich von altem Verhalten zu lösen ist schwer und erfordert, dass es diskutiert, beurteilt, abgelehnt und schließlich verlernt wird. Dieser Ablauf ist schmerzhaft, da alle an

unterschiedlichen Stellen (un)angenehme Gefühle entwickeln. Erst wenn die alten instinktiven Reflexe durch neue ersetzt sind, befinden sich alle im neuen Verhaltensmuster. Das Ende der Veränderung ist fast erreicht, wäre da nicht der Anfang des Eingewöhnens und der (Weiter)-Entwicklung von neuen Verhaltensmustern. Das geht solange, bis das nächste „Ups" auftaucht und alles von Neuem beginnt.

Eine Studie hat die Dauer für Veränderungen am Beispiel von Essensverhalten untersucht. Im Durchschnitt haben die Teilnehmer 66 Tage (von 18 bis 254 Tagen) benötigt, um ihr Verhalten zu ändern[42]. Die Veränderungen in einem Unternehmen sind weitreichender und betreffen viele unterschiedlich verinnerlichte Funktionen und Verhalten. Dies bedeutet, dass Veränderung dauert, je nachdem, wo wir anfangen zu messen. Im Extremfall dauert es Jahre. Der Schritt nach einem „Ach so" sollte sich jedoch nicht länger als sechs Monate hinziehen, da ansonsten der unsichere Modus der Veränderung nie endet. Sind die Veränderungen zu umfassend, sollten die Maßnahmen in verdauliche Initiativen zerlegt werden, die in sechs Monaten bewältigbar sind.

Fazit: Veränderung zieht sich. Sie beginnt lange bevor Probleme erkannt sind. Entscheidend für das überzeugte Ändern ist ein persönliches „Ach so". Durch die Vorbereitung des Neuen wird ein stabiles Fundament errichtet, auf dem die gewünschten Zustände in längstens einem halben Jahr erreicht werden – dauert es länger bedroht es die Erfolgsaussichten.

---

[42] (Lally, et al., 2009)

Obwohl Leitende nichts mehr hassen als Überraschungen, fällt ihnen nichts weiter ein, als ein aufwendiges, bürokratisches Berichtssystem permanent auszubauen, nicht bedenkend, dass das Sammeln der Information unnötig viele Ressourcen bindet und zeitverzögert Daten liefert. Dabei würde zum Beispiel Management-by-Walking-Around einen besseren Eindruck liefern – der persönliche Augenschein und Austausch mit Betroffenen.

Die meisten auftretenden Schwankungen werden ohne weitere Abstimmung mit den Entscheidenden von den Mitarbeitenden am Touchpoint nachgeregelt. Sie kompensieren die Abweichungen, die durch ungeschicktes Organisieren entstehen, ohne dass Entscheidende dies mitbekommen. Mit einem Kontinuierlichen Verbesserungsprozess (KVP) inklusive einem einfach erreichbaren Vorschlagssystem können diese kleinen „Fehler" im System ausgemerzt werden.

Die Welt ändert sich zwar unentwegt, aber die vielen Änderungen entwickeln einen evolutionären Druck, der mittelfristig zu starken Änderungen führt. Wenn die Leitung versteht, dass die Belegschaft aus vielen Changemanagenden besteht, muss nur noch der Freiraum für selbstorganisiertes Ändern geschaffen werden, um darauf zu reagieren – mit Governance sowie flexiblen Zeit- und Ressourcenkonten.

Große Veränderungen brauchen konsequente Entschiedenheit. Ändern sich grundlegende Aspekte des Geschäftsmodells[43], dann betrifft das die gesamte Organisation – die Strukturen der Bereiche, deren Zusammenspiel und vor allem das Mindset. Aus diesem Grund sind aktive Changemanagement-Initiativen wesentlich, damit alle (Aus)Führenden die Veränderungen kennen, sie anwenden können und dürfen sowie wollen, d.h. sich darauf einzulassen. Vermeiden Sie Überlastung durch mehrere große Parallelinitiativen.

---

[43] Betroffen können sein: Kundensegmente, Nutzenversprechen, Kanäle, Kundenbeziehungen, Einnahmequellen, Kernaktivitäten, Kernressourcen, Kernpartner und Kostenstrukturen (Osterwalder, et al., 2011) oder die Aufbau- und Ablauforganisation und das IT-System.

DEN EIGENEN RHYTHMUS FINDEN[44]

Priming – mentales Vorwärmen

Im Sport wärmen wir uns auf, damit unser Körper nicht durch eine plötzliche Bewegung Schaden nimmt. Hierzu visualisieren sich Sportler vorab den Sieg und bereiten sich mental auf Spitzenanstrengungen vor.

Priming ist mentales Aufwärmen, das einer Zielgruppe die Akzeptanz, das Commitment und die spätere Beteiligung schmackhaft macht.
- Wir werden, ohne es zu bemerken, durch unsere Wahrnehmung unentwegt Auslösern ausgesetzt, die unser Denken, Fühlen und Tun beeinflussen.
- Ein ungewolltes Priming lässt sich neutralisieren, wenn es bemerkt wird.
- Ein Prime nutzt bestimmte Reize - visuell, auditiv, kinästhetisch, olfaktorisch oder gustatorisch.
- Priming kann die Zielerreichung fördern und negative Einflüsse reduzieren.
- Priming nutzt Schnappschüsse einer beabsichtigten Zukunft, um eine positive Einstellung ihr gegenüber zu schaffen.
- Bekannte Erinnerungen, Erfahrungen und Erfolge erleichtern das Priming.
- Die Häufigkeit und Dauer des Reizes erhöhen die Wirkung.
- Da wir fortwährend wahrnehmen und Priming kontinuierlich stattfindet, ist es besser, es bewusst zu nutzen, als unbeabsichtigte Effekte zu erzeugen.
- Die Beherrschung von Priming steigert die eigene Agency.
- Aufgrund seiner Wirkung sollte es ethisch durchdacht nur zum Wohl der Zielgruppe eingesetzt werden. [45]

Da Veränderungen das Wohlwollen und Commitment der (Aus)Führenden benötigt, sollten sie vorab aufgewärmt werden, damit möglichst wenige Widerstände entstehen- der Fisch stinkt vom Kopf.

Wie viel Veränderung uns Respekt abverlangen, ist für alle anders. Es beginnt mit den kleinen Schwankungen, die die verinnerlichte Routine verrücken. Der Schreibtisch, den jemand aufgeräumt hat. Der tägliche Weg zur Arbeit, der durch eine Baustelle versperrt ist. Es sind die Modi-

---

[44] Erstveröffentlichung 19.05.2019
[45] (Kolodej, 2022)

fikationen, die vertraute Gewohnheiten verunmöglichen. Die Einführung eines neuen IT-Systems oder die Neuverteilung der Aufgaben, die ein anderes Vorgehen erfordern, weil die alten nicht mehr gelten. Und dann gibt es noch die grundsätzlichen Umwälzungen, die alle Aspekte des Lebens betreffen. Der Ausstieg aus dem aktuellen Umfeld, wenn wir auswandern oder unseren bisherigen Berufsweg verlassen. Unabhängig davon, wie stark die Umwälzungen sind, müssen alle mit einem eigenen Rhythmus auf den Wandel reagieren.

Da der Wandel einen unentwegt mit unterschiedlicher Stärke fordert, ist es hilfreich, Routinen zu entwickeln, die das Momentum der Veränderung so lange erhalten, bis wir die neue Gewohnheit verinnerlicht haben.

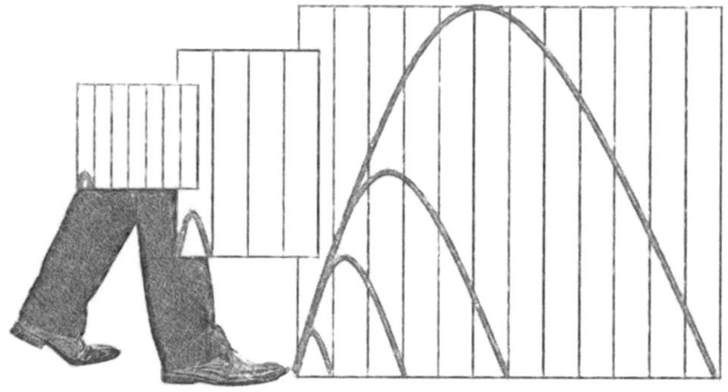

Abbildung 10: Den eigenen Rhythmus finden

Dabei können wir die folgenden Ansätze nutzen und den Vollzug mit etwas Besonderem zelebrieren.

- **Der erste Schritt**
  Die Veränderung beginnt erst, wenn wir uns tatsächlich in Bewegung setzen. Dabei ist der erste Schritt hin zum Neuen entscheidend, um den Wandel zu starten. Auch wenn dieser erste Schritt klein und unbedeutend er-

scheint, ist dies der Quantensprung des Anfangs, egal
wie lang der Weg ist.

- **Der erste Tag**
Es ist sinnvoll, den ersten Tag zu feiern, den wir nach
dem ersten Schritt überstanden haben. Nicht die Flinte
ins Korn geworfen zu haben, macht den ersten Tag zu
einem wichtigen Fortschritt in Richtung Veränderung.
Bemerken wir dann bereits erste Ergebnisse, fällt uns
die Fortsetzung am folgenden Tag leichter.

- **Die erste Woche**
Nach einer Woche zeigen sich die ersten Anzeichen der
neuen Routine. Das Neue wurde jetzt bereits mehrfach
angewendet, auch wenn es noch nicht in Fleisch um Blut
übergegangen ist. Die Tücke liegt im Detail, das in der
Folge erkannt und bewältigt wird.

- **Der erste Monat**
Je nach dem Umfang sind nach einem Monat bereits
viele Aspekte der Änderung bekannt. Die Hürden des
ersten Tages sind vergessen. Es ist viel eingeübt, was
daran erkennbar wird, dass wir die erlangten Fähigkeiten unbewusst ausführen.

- **Das erste Quartal**
Nach drei Monaten befinden wir uns bereits im alltäglichen Fluss. Die Aufgaben werden routiniert ausgeführt. Die Folgerichtigkeit früherer Vorgehen wird abgelöst von den neuen Fertigkeiten und Schlussfolgerungen,
die einem jetzt zur Verfügung stehen.

- **Das erste Halbjahr**
Nach einem halben Jahr sind wir vollständig eingearbeitet.
Die eigenen Werte und Überzeugungen wurden angepasst. Die Überraschungen, die jetzt aus dem Nichts erscheinen, finden sowieso statt, egal, wie eingeübt wir
sind. Vergangene Ansätze fallen einem schwer, da das
Alte nicht mehr passt.

- **Das erste Jahr**
Nach einem Jahr sind die Erinnerungen ans Alte verblasst. Alte Vorgänge lassen sich nur noch schwer rekonstruieren. Die Erinnerungen erzeugen ein ungutes Gefühl, da sich das Neue bewährt hat. Am Horizont ist bereits der nächste Wandel erkennbar.

Jeder hat seine ganz persönliche Herangehensweise an Umgestaltungen. Dies reicht von bloß nichts anders machen, bis hin zu jede Veränderung willkommen zu heißen. Die Rituale, die wir uns einfallen lassen, um die Veränderung zu verkraften, bestimmen die Schwierigkeiten, mit denen wir umgehen müssen. Da der Wandel vor allem im Kopf stattfindet, ist ein wichtiger Schritt umzudenken. Schaffen wir das nicht, dann kostet die Umstellung mehr Kraft, als wenn wir das Neue offen annehmen und uns adaptieren.

Fazit: Die Umsetzung von Veränderungen stößt von Natur aus auf Widerstand. Vor allem, wenn die Betroffenen keine Gelegenheit haben, sich mental darauf einzulassen. Für die einzelnen Betroffenen ist es hilfreich, die Metamorphose zu feiern. Und zwar nicht nur einmal, sondern immer wieder. Um die Neuerungen in dem eigenen Kopf ansprechend zu verankern, finden wir am besten unseren Rhythmus: einen ersten Schritt; den ersten Tag; die erste Woche; den ersten Monat; das erste Quartal, das erste Halbjahr; das erste Jahr. Wenn wir jeden Fortschritt bewusst zelebrieren, entwickeln wir ein positives Verhältnis zu den Abweichungen, die im Laufe der Zeit zum Normalzustand werden.

Bemerkenswert ist die Tatsache, dass wir Situationen bereits ausgesetzt sind, bevor wir sie unterschwellig aufnehmen. Die Gegebenheiten senden fortwährend Signale, die uns nicht bewusst werden. Manche haben die Fähigkeit erlernt, auf ihr Bauchgefühl zu hören. Sie bemerken, dass etwas nicht stimmt, ohne dass sie es näher bestimmen können. Hören Sie auf diese „Kanäle" und ermitteln Sie die Lage, die dieses Unwohlsein auslöst.

Nutzen Sie die so gewonnene Transparenz und finden Sie den Bereich, indem sich das System im Gleichgewicht befindet und Maßnahmen, um nachzuregeln, bevor die Schwankungen zu stark werden.

Kleine Veränderungen sollten in den Bereichen selbstorganisiert durchgeführt werden. Erstens kennen die Mitarbeitenden die Handlungsbedarfe am besten. Zweitens vermeiden Sie dadurch unnötige Widerstände der Betroffenen.

Radikale Widerstände sind für alle Beteiligten existenzbedrohlich, da sie nicht wissen, was es für sie bedeutet. Aus diesem Grund sollten sie proaktiv, bevor eine Changeinitiative startet, darauf vorbereitet werden. Dadurch können sie von Anfang an sich beteiligen, was ihnen Sicherheit gibt und sie wissen, dass ihre Sicht berücksichtigt ist. Priming erfolgt dabei mit allen erdenklichen Kommunikationsmaßnahmen – attraktive Broschüren, Events und Gesprächsgelegenheiten.

WER HAT ANGST VOR VERÄNDERUNG?[46]

Immer die Anderen - gell? Dabei ist die Angst ein natürlicher Reflex, der uns bei Gefahr zu einer angemessenen Reaktion befähigt. So haben wir in unserer Entwicklung als Menschen gelernt Angst vor Schlangen, Abgründen oder Dunkelheit zu entwickeln. Situationen, die uns unmittelbar bevorstehen, schüchtern uns ein. Es sind die unkontrollierbaren Momente, die uns Bange machen.

---

[46] Erstveröffentlichung 30.07.2016
[47] (Ekman, et al., 2003)

Nicht zu vergessen die Erinnerungen, die sich fest in unser Gedächtnis eingegraben haben. Und all diese Aspekte stecken auch in einer Veränderung - die Ungewissheit, was nach der Veränderung passiert, die wir scheinbar nicht im Griff haben und die in der Vergangenheit so viele negative Erfahrungen erzeugt hat. Wer hat Angst vor Veränderung? Wir alle, sobald wir eine Veränderung als Bedrohung empfinden und nicht als Chance.

Abbildung 11: Angst vor Veränderung

Und damit befinden wir uns im Teufelskreis des Wandels. Betrachten wir die Welt mit offenen Augen, so gibt es keinen Bereich in der Gesellschaft, Wirtschaft, Technik und der Natur, der sich nicht kontinuierlich im Wandel befindet. Im Geschäftsleben haben wir heute eine generelle Aufgabenteilung zwischen den Führenden und den Mitarbeitenden. Erstaunlicherweise entwickeln sowohl die einen als auch die anderen Furcht vor neuen Produkten, neuen Märkten, neuen Technologien und neuen Abläufen, die unsere Routine verändern.

Führungskräfte werden verängstigt durch eine ungewisse Zukunft, die sie mit ihren Entscheidungen kontrollieren sollen. Das beginnt, wenn fehlende oder zu viele Aspekte widersprüchliche Optionen ermöglichen oder den Blick auf die Zukunft verstellen. Am Ende ändern sich die Einflüsse sekündlich und führen zu einer dramatischen Volatilität der Lösungen. Der Umgang mit diesen Risiken ist in Zukunft eine entscheidende Fähigkeit der Führungskräfte. Die Angst steigt, wenn Unsicherheiten im Entscheidungsfall in den Vordergrund treten. Sie kommt aber erst gar nicht auf, wenn das Risiko positiv eingestuft wird.

Die (Aus)Führenden fühlen häufig ihre Existenz bedroht - Verlust der Arbeit und der Routine, der Mangel an neuen Fähigkeiten und die ungewisse Zukunft. Das beginnt, wenn die Belegschaft beobachtet, dass irgendetwas geschieht, ohne zu wissen, was. Dies betrifft angekündigte Veränderungen, ohne die Auswirkungen auf die Betroffenen aufzuzeigen. Und das geht bis zur Umsetzung, bei der die Einzelnen mit Neuland konfrontiert werden, ohne ausreichend informiert zu sein, was zu tun, was erlaubt und was zu verantworten ist. Die Angst steigt, desto unklarer die Änderungen sind. Sie kommt gar nicht erst auf, wenn die Mitarbeitenden von Anfang an, an der Umgestaltung beteiligt sind.

Das Gelingen einer Veränderung hängt davon ab, ob sich die Teilnehmer auf die Umgestaltung einlassen. Es wäre jedoch viel verlangt, dass sich alle ohne Wenn und Aber darauf freuen. Das Einverständnis, sich auf den Wandel einzulassen, ist die entscheidende Voraussetzung, um die Transformation zu schaffen. Aus diesem Grund sollten alle Elemente, die Angst auslösen, vermieden werden. Die folgenden Maßnahmen entschärfen den Druck der Veränderung.

- Die **frühzeitige Beteiligung** der Betroffenen führt zu mehr Bereitschaft zur Veränderung.

- Der **vertrauensvolle Austausch** der Meinungen und der Fakten verhindert verfälschende Halbwahrheiten.

- Die **festgelegte Gliederung** der Inhalte und des Ablaufs schafft Orientierung.

- Das kontinuierlich **gezeigte Wohlwollen** der Führenden unterstreicht ihre Überzeugung, wohin es gehen soll.

Die Überzeugung zu entwickeln, dass die Führung der Belegschaft ihre Kernkompetenz ist, bleibt eine Kernkompetenz der Führungskräfte. Aus diesem Grund haben sie große Mühe sich einzugestehen, dass sie Unterstützung brauchen. Sie wollen sich nicht die Blöße geben, es alleine nicht zu schaffen. Unterstützung erhalten sie von unabhängigen Dritten. Sie sind hilfreiche Wegbereiter, die sich auf das Ziel konzentrieren und Veränderung ermöglichen. Frei von persönlichen Abhängigkeiten, Leichen im Keller und Bereichsinteressen fällt es ihnen leichter, den (Aus)Führenden zu helfen, damit Sie sich das Neue einlassen können.

Fazit: Der Weg aus der Angst ist es, Furcht erst gar nicht aufkommen zu lassen. Dabei helfen externe Dienstleistende, deren tägliches Geschäft es ist, zu verändern. Es braucht nur Entscheidende, die sich nicht zieren, externe Hilfe anzunehmen. Sie werden dadurch zu einer positiven Sicht und wirksamen Maßnahmen gelangen, die auch die Betroffenen überzeugen. Durch Initiativen wird Angst vor Veränderung vermieden und Schwung für die Umsetzung erzeugt.

Gefühle entwickeln unterbewusst einen starken Einfluss auf das persönliche Wohlbefinden. Negative Emotionen erzeugen ungewollt einen erhöhten Puls, flachere und schnellere Atmung, Schweißausbruch, Kreislaufschwierigkeiten, Übelkeit, Hautrötungen. Erst wenn wir uns der Angst bewusst sind, können wir uns darum kümmern.

Da die Angst uns aus dem Gleichgewicht bringt, sollten wir nachregeln. Besonders wenn es sich um unbegründete Unsicherheiten handelt, können wir uns nach der Sondierung der Lage aufgrund der Erkenntnis, dass die Angst grundlos ist, beruhigen.

Der proaktive Umgang mit Verunsicherung kann die Situation so anpassen, das die irritierenden Sachverhalte mithilfe von kleinen Verbesserungen verschwinden. Durch die Beschäftigung mit diesen „Ängsten" verbessern wir unser Verständnis der Unsicherheiten und erhöhen unsere Resilienz bei neu auftretenden Bedrohungen.

Radikale Veränderungen erzeugen bei den Betroffenen unterschiedlichste Ängste, die sie in den Widerstand treiben. Dabei lassen sich diese Ängste minimieren, indem das **Nicht-Kennen** durch ausführliche Publikationen und Events, das **Nicht-Können** durch Schulungsmaßnahmen, das **Nicht-Dürfen** durch die Vorbereitung der Führenden und aktive Kommunikation sowie das **Nicht-Wollen** durch entsprechendes Coaching reduziert werden.

KLARER DURCH SKALIERTEN QUANTENSPRUNG[48]

Große und kleine Veränderungen auf allen Ebenen

Der eigene Standpunkt bestimmt, aus welcher Perspektive die Welt betrachtet wird. Vom höchsten Berggipfel reicht der Blick kilometerweit in alle Richtungen. Aus dem Küchenfenster nur in den Vorgarten? Entsprechend übersehen CEOs das Gesamtunternehmen und die (Aus)Führenden aktuelle und frühere Aufgabengebiete. Der aufmerksame Leser hat bereits bemerkt, dass die Reichweite nichts über die Detaillierungsgrad aussagt. Grundsätzlich sollten wir davon ausgehen, dass wir alle ähnlich viele Aspekte verarbeiten können – üblicherweise siebenplusminuszwei Chunks. Damit ist klar, dass kleine Veränderungen auf einer Ebene als riesige Änderungen auf tieferen Ebenen betrachtet werden.

Veränderungen[49] finden in **ALLEN** Bereichen und auf **ALLEN** Ebenen statt.
- **Leistungen**: Die Angebote bestehen aus Produkten und Services, d.h. Sortimenten, Produktlinien, Produkten, Komponenten oder Teilen.
- **Geschäftsmodell**: Das Geschäftsmodell besteht beispielsweise aus Kundensegmenten/-beziehungen und betrifft Weltregionen, Vertriebskanäle, Kundengruppen und einzelne Kunden.
- **Technologien**: Dazu gehören unter anderem die Elektronik im Produkt, die Maschinen, Roboter und Fertigungsstraßen in der Produktion, Steuerungssysteme beim Transport, das CRM im Vertrieb und die Netzwerke, IT-Managementsoftware und Geschäftsanwendungen. Alle Bereiche werden durch die digitale Transformation und die Künstliche Intelligenz auf allen Ebenen herausgefordert.

Die großen und kleinen Veränderungen, die asynchron auf allen Ebenen stattfinden, erzeugen die heutige VUKA-Welt[50] – schnelles Kommen und Gehen, unsichere Aussichten, unberechenbare Gegebenheiten und mehrdeutige Beschreibungen.

---

[48] Erstveröffentlichung 03.06.2017
[49] Erfinden, ersetzen, erweitern, verbessern und einstellen.
[50] (Lapp, 2023)

Veränderungen finden in jeder Form und Größenordnung statt. Ändert sich die Weltsicht von einer flachen Scheibe hin zu einer Kugel, vom Kreationismus zur Evolution oder von der Verifikation zur Falsifikation, so sprechen wir von einem Paradigmenwechsel. Fortschritt zeigt sich beispielsweise an der Ablösung des Super-8-Films durch die Videokassette, die wiederum durch die heutige digitale Aufnahmetechnik obsolet geworden ist. Schnell sprechen viele von einem Quantensprung, d.h. von einem echten Unterschied. Wenn die Natur echte Sprünge macht, dann sind das in der Wirklichkeit nur ganz kleine Unterschiede. Das Wirkungsquantum beträgt nur 10^{34} oder 1/100000000000000000000000000000000 Wirkungseinheiten. Die wahrnehmbaren Veränderungen bestehen aus einer unvorstellbar großen Anzahl von unsichtbaren Anpassungen, die in Summe unsere wahrnehmbaren Änderungen ausmachen.

Abbildung 12: Quantensprung

Aus diesem Grund sollten wir eine vergröberte Skalierung nutzen, damit die Veränderungen klar werden.

Zum Beispiel die folgenden Aspekte:

- **Objekt der Veränderung**
  Materielle und geistige Objekte können sich verändern.
  Materielle Objekte bestehen aus unterschiedlichen Stoffen.
  Diese physischen Dinge sind messbar (z.B. Masse, Länge/
  Breite/ Tiefe, Temperatur) und verfügen über eine Form.
  Sie sind sehr groß oder unglaublich klein. Im Gegensatz
  dazu finden sich geistige Dinge in der Vorstellung von
  Menschen bzw. in Artefakten (d.h. von Menschen herge-
  stellten Objekten wie Bücher, CDs oder Gebrauchsgegen-
  ständen). Die Ideen, die dahinter stecken, werden von
  den Sendern gestaltet (z.B. durch Worte, Bilder, Klänge),
  aber die Empfänger bilden ihr eigenes Verständnis. Dies
  ergibt sich aus der Tatsache, dass diese geistigen Dinge
  nicht messbar sind - abgesehen von ihren physischen
  „Speichermedien" (z.B. 132 Buchseiten, ein MB an Daten,
  eine Stunde Musik, ein Bild von 30x40 cm). Veränderungen
  lassen sich leichter bei materiellen als bei geistigen
  Objekten aufzeigen. Da die eigentliche Veränderung mit
  unseren Sinnen nicht immer wahrgenommen werden
  kann, braucht es eine allgemeingültige Einteilung der
  Objekte, um die Veränderungen aufzuzeigen - z.B. die
  Biosystematik (Reich, Stamm, Klasse, Ordnung, Familie,
  Gattung, Spezies).

- **Ablauf der Veränderung**
  Veränderungen finden in grob definierten Schritten
  (diskret), in sehr vielen kleinen Schritten (quasistetig)
  oder fließend (stetig) statt. Schrittweise Abstufungen
  nennen wir auch digital und fließende analog. Aufgrund
  der klaren Gruppierung lassen sich diskrete Veränderungen
  nachvollziehbarer beschreiben. Bei stetigen Verläufen
  müssen künstlich Stufen gebildet werden, um die Veränderung aufzuzeigen. Veränderungen werden immer
  dezenter, je mehr sie fließen. Die klare Festlegung des
  Betrachtungszeitraums bestimmt darüber, ob
  Veränderungen überhaupt bemerkbar bzw. wesentlich
  sind - z.B. das betriebliche Controlling misst quartalsweise
  und jährlich anstelle von stündlich.

- **Ausmaß der Veränderung**
Abhängig von dem Objekt und dem Ablauf werden Veränderungen als Verbesserung oder Revolution bzw. als Verschlechterung oder Kollaps empfunden. Dehnt sich das Weltall um einige Lichtjahre aus, so ist das nichts im Vergleich zu seinen 78 Mrd. Lichtjahren Durchmesser. Wird eine Holztür großen Temperaturveränderungen ausgesetzt, so kann sie sich einen Millimeter ausdehnen und nicht mehr schließen. Veränderungen hängen vom Gesamtzusammenhang ab. Der Kontext sollte so beschrieben werden, dass eine Aussage bezüglich der Veränderungen möglich ist - z.B. wirtschaftliche Kennzahlen sind verständlicher pro Einwohner, anstelle pro Land.

- **Dauer der Veränderung**
Der Homo sapiens hat sich biologisch in den letzten 200.000 Jahren unwesentlich verändert. Anhand von Funden können wir feststellen, dass das Gehirn, der Körperbau, die körperlichen Fähigkeiten sich sehr ähneln. Daneben findet seit 5000 Jahren eine große kulturelle Entwicklung statt. In den letzten zwanzig Jahren hat das Internet das Leben der meisten Menschen dramatisch verändert - obwohl wir biologisch immer noch die Steinzeitmenschen von vor Tausenden von Jahren sind. Wir sprechen dabei gerne von Entwicklung, Wandel und Paradigmenwechsel. Veränderungen finden innerhalb eines Betrachtungszeitraums statt. Die berücksichtigte Dauer sollte in einem zweckmäßigen Verhältnis zur Veränderung stehen - z.B. Auswirkungen der Strategie lassen sich erst langfristig feststellen.

- **Ort der Veränderung**
Der Kontext beschreibt den Ort der Veränderung. Dabei geht es einerseits um tatsächliche Ortswechsel von A nach B. Aber andererseits auch um Veränderungen im bestehenden Kontext des Objekts. Bringen wir ein unverändertes Objekt in eine neue Umgebung, so kann das Auswirkungen auf es haben - beispielsweise, wenn ein Computer am Südpol bei minus 60 Grad zum Einsatz

kommt. Bleibt der Computer in hiesigen Gefilden und seine Rahmenbedingungen ändern sich, z.B. wenn der Strom ausfällt, dann hat dies ebenfalls gravierende Auswirkungen. Das Umfeld sollte in dem Maße beschrieben sein, damit Veränderungen richtig eingeordnet werden - z.B. eine erhöhte Milchproduktion von 50 Litern pro Tag bedeutet etwas anderes bei einem kleinen Bauernhof als bei einer großen Massentierhaltung.

Fazit: Die eigentliche Veränderung, der Quantensprung, findet häufig unbemerkt statt. Aus diesem Grund sollten die Rahmenbedingungen der Veränderung beschrieben sein. Dazu gehören die Objekte, der Ablauf, das Ausmaß, die Dauer und der Ort der Veränderung. Auch ein Verhalten ist in einem Kontext unangemessen und in einem anderen adäquat. Durch entsprechende Skalierung werden auf dieser Grundlage die Veränderungen verständlicher, vergleichbarer und leichter einzuordnen.

In einer undefinierten Sachlage lassen sich keinerlei Veränderungen wahrnehmen. Es fehlen die Ausgangs- und Zielzustände. Dessen ungeachtet verändert sich alles immer schneller. Dies schreit nach einer Beschreibung der Sachlage mit relevanten Bausteinen – Problemfeld, Problembesitz, Ablauf, Wahrnehmung, Botschaft und verletzte Werte.

Der Quantensprung ist der Übergang von einem Zustand in einen anderen. Wenn er auf kleinster Ebene stattfindet, handelt es sich vielleicht um eine Schwankung, die sich korrigieren lässt. In diesem Fall beschränkt sich die Maßnahme abhängig von den Umfeldwerten auf das Nachjustieren, um das Gleichgewicht zu halten.

Die Verbesserungen könnten wir als Quantensprünge betrachten, da nicht nur nachgeregelt, sondern etwas verändert wird. Die vielen „echten" Veränderungen sind zwar klein, aber über längere Zeit können sie zu großen Verschiebungen führen. Damit die beabsichtigten Veränderungen erreicht werden, sollten die Folgen und besonders die unbeabsichtigten Nebenwirkungen beobachtet werden.

Auch wenn ein Quantensprung sehr klein ist, handelt es sich um eine radikale Veränderung, da ein Zustand durch einen anderen ersetzt wird. Dies kann zur Folge haben, dass ganze Geschäftsmodelle, Strategien und Mindsets obsolet werden. Denken wir nur an die neuen Managementansätze wie Servant Management (Greenleaf, 1996), Agiles Management (Scheller, 2017), Liberated Company (Getz, et al., 2009, 2015), Humanocracy (Hamel, et al., 2020) oder Holacracy (Robertson, 2016).

GEPLANTE TRANSFORMATIONEN BRAUCHEN EINE GEZIELTE STRATEGIE[51]

Das Strategieradar

Ausgangspunkt für die Strategieentwicklung ist das Strategieradar. Auf unterschiedlichen Ebenen entstehen Informationen, die die Grundlage für die Ausgestaltung der Zukunft bilden.

- **Trennen zwischen Rauschen und Information!**
Eine Unzahl an Ereignissen taucht auf und verschwindet wieder. Das resultierende Rauschen wird von den meisten als Informationsflut wahrgenommen. Die Kunst besteht darin, die relevanten Neuigkeiten aus diesem Tsunami zu extrahieren. Die Frage ist: Was ist für uns im aktuellen Geschehen von Belang?

- **Siebenplusminuszwei Chunks[52] erkennen!**
Aus den Signalen der Wirklichkeit verdichten sich Muster, die wir verarbeiten können. Diese Trends interpretieren wir und leiten daraus Handlungsbedarfe ab. Aus langfristigen Tendenzen wird die Strategie abgeleitet. Die Frage ist: Was findet statt?

- **Die Kernelemente und ihre Wechselwirkungen verstehen!**
Die Dynamik entsteht aus dem Zusammenspiel der Bausteine. Die Einflussfaktoren lösen Kreisläufe von Ursachen und Wirkungen aus, die die komplexe Situation repräsentieren. Diese werden in Modelle übersetzt, mit denen die Strategie konkretisiert wird. Die Frage ist: Wie hängt alles zusammen?

- **Die eigenen Meta-Programme sich bewusst machen!**
Die mentalen Modelle der (Aus)Führenden beeinflussen **ALLE** Entscheidungen. Die verschiedenen Kulturen und Werte führen zu Erwartungen, die die Basis für die Strategie darstellen. Speziell zu berücksichtigen sind die Metaprogramme und die kognitiven Verzerrungen (Bias), die zu ungewollten Maßnahmen führen – z.B. Eskalierendes Commitment, bei dem aus Verpflichtung gegenüber früherer Entscheidungen weiter an falschen Stellen investiert wird. Die Frage ist: Welche Einstellungen gibt es?

---

[51] Erstveröffentlichung 25.06.2016
[52] Ein Chunk ist ein Bündel an Sachverhalten, das abhängig von der Erfahrung einer Person unterschiedlich groß sein kann. Für alle gilt, dass sie gleichzeitig 7+-2 Bündel verarbeiten können.

Solange Zeit vergeht findet Veränderung statt. Und wenn wir uns treiben lassen, hängt unser Schicksal von Anderen ab. Läuft es nicht so, wie wir es uns erhoffen, sprechen manche von höherer Gewalt, auf die wir ja keinen Einfluss haben. Ergeben sich Vorteile, so freuen wir uns über die Fügung des Schicksals und die Vorsehung, die uns wohlwollend positive Ergebnisse zuspielt. Noch kommen wenige auf die Idee, ein Auto zu fahren, ohne zu schalten und vor allem ohne zu lenken. Geplante Transformationen brauchen eine gezielte Strategie, auch wenn sie aufgrund ihrer Unsicherheiten von vielen kritisch gesehen wird.

Abbildung 13: Erst zielen, dann …

Es ist eine wichtige Aufgabe eine Richtung vorzugeben, die den Rahmen für die Planungen aller Bereiche setzt. Diese Skizze besteht aus

- Der **Vision,** einem emotional aufgeladenen Bild der Zukunft, das die (Aus)Führenden ermuntert,

- der **Mission**, einem nachvollziehbaren Grund,

- einem Set von **Prämissen**, den kritischen Erfolgsfaktoren, den Wertdisziplinen und SWOT (Stärken, Schwächen, Chancen, Risiken),

- einer groben **Stoßrichtung**, die Wachstum oder Schrumpfung bzw. Veränderungen erster oder zweiter Ordnung beschreibt,
- definierten übergeordneten **Zielen**, die erreicht werden sollen, und
- dem **Unternehmenskern**, der die entscheidenden Fähigkeiten, Prozesse und Leistungen bestimmt.

Wer sich mit den einzelnen Bestandteilen auseinandersetzt, kann sie sich zunutze machen. Und trotzdem leisten sich Unternehmen und Abteilungen den Luxus, ohne eine publizierte Strategie auszukommen. Was ist das Problem?

- Vor allem fehlt das Verständnis für die Bestandteile und die Anwendung des Plans. Es ist so, als hätten wir einen Bogen und Pfeile, aber die Anwendung nie gesehen oder gelernt oder ausprobiert.
- Ohne eine eigene Vorstellung von dem, was erreicht werden soll, ist die Richtung nicht vorgebbar. Es ist so, als können wir mit dem Bogen schießen, aber ohne zu wissen, wo die Zielscheibe steht.
- Auch wenn manche das Bild der Zukunft vor ihrem inneren Auge haben, so scheint ihnen etwas zu fehlen, um es in Worte und Darstellungen zu übersetzen. Es ist, als wenn wir den Bogen auf das Ziel richten, aber uns nicht entscheiden, den Pfeil loszulassen.
- Häufig wird der Plan für die Zukunft ausgearbeitet und veröffentlicht, aber das Ergebnis wird nicht ermittelt. Als schössen wir den Pfeil ab und würden uns für den Einschlag im Ziel nicht interessieren.
- Erreicht die Planung nicht die gewünschten Ergebnisse, so fehlt vielen die Fähigkeit nachzujustieren. Es ist so, als würden wir, nachdem der Pfeil die Scheibe verfehlt hat, nicht weiter versuchen zu treffen.
- Haben wir erreicht, was wir wollten, so meinen Einige, sie bräuchten keine Strategie mehr. Es ist, als träfen wir ins Schwarze und schössen keine Pfeile mehr ab.

Übrigens, ohne Schuss ist die Wahrscheinlichkeit eines Treffers gleich null. Nach dem Schuss ist vor dem Schuss. In diesem Sinne ist die Entwicklung der Strategie eine kontinuierliche Aufgabe, die unabdingbar ist.

Fazit: Die Strategie ist fester Bestandteil des unternehmerischen Alltags. Alle Elemente erfüllen ihren Zweck, die Mitarbeiter auf ein gemeinsames Ziel auszurichten. Die Praxis wird durch ungeschickten Umgang mit den Bestandteilen belastet. Möchten wir die Transformationen steuern, bleibt uns nichts übrig, als eine gezielte Strategie bereitzustellen.

Eine Strategie führt von einem unerwünschten Zustand hin zu einem angestrebtem – was immer die Absichten sind. Aus diesem Grund ist es unerlässlich, die Ausgangssituation zu verstehen. Dies erfordert keine aufwendigen Analysen und Berechnungen, die sich so lange hinziehen, dass sie bereits veraltet sind, wenn sie abgeschlossen werden.

Die Strategie regelt indirekt kleine Korrekturmaßnahmen, um das Gleichgewicht zu erhalten, indem sie die langfristige Richtung vorgibt. Die Indikatoren der Gegebenheiten entwickeln ihre Bedeutung anhand der strategischen Kenngrößen – bestenfalls sind sie detaillierter.

Die Verbesserungen sollten sich immer an der langfristigen Vision orientieren. Ansonsten müssten diese kleinen Änderungen mittelfristig nochmals geändert werden. Hierfür brauchen alle (Aus)Führenden vor Ort ein gutes Verständnis der Absichten des Top-Managements, um ihre Anpassungen an der Strategie auszurichten.

Die großen Changemanagement-Initiativen ergeben sich meistens nach einem Führungs- und/oder Strategiewechsel. Sobald sich das Selbstbild, das Geschäftsmodell oder die Absichten des Unternehmens wesentlich ändern, wird die frühere strategische Richtung obsolet. Dabei ist es wichtig, dass die Betroffenen frühzeitig das Neue kennenlernen, bewältigen können, die Erlaubnis erhalten, sich zu ändern und am Ende die persönliche Veränderung auch wollen.

HEBELPUNKTE DER VERÄNDERUNG[53]

Top7 der Hebelpunkte[54]

An den richtigen Hebelpunkten erzeugen minimale Umgestaltungen maximale Änderungen.

Platz 7: Selbstverstärkende Rückkoppelungsschleifen
Wachstum, Explosionen, Erosionen und Zusammenbrüche von Systemen lassen sich durch ausgleichende Rückkoppelung stoppen.

Platz 6: Geregelte Informationsflüsse
Das Aufzeigen der Folgen an der richtigen Stelle nutzt das natürliche Vermeiden von Verantwortung zur Steuerung.

Platz 5: Klare Regeln
Der Gültigkeitsbereich, seine Grenzen und seine Freiheitsgrade bestimmen das Verhalten. Macht über Regeln ist echte Macht.

Platz 4: Selbstorganisation
Das Vermögen, sich selbst zu ändern, steigert die Widerstandsfähigkeit. Es braucht Adaptabilität, Experimentierfreude und Vielfalt.

Platz 3: Ziele
Der bekannte Zweck zwingt untergeordnete Ziele und Verhalten in eine Richtung. Ganz oben liegt die Macht, die Gesamtziele festzulegen.

Platz 2: Paradigmen
Die tief verankerten gemeinsamen Überzeugungen, wie diese Welt funktioniert, brauchen ein neues Modell, um adaptierbar zu sein.

Platz 1: Paradigmen überwinden
Wenn das bestehende Paradigma nicht stimmig ist, können wir loslassen und uns das aussuchen, was dem eigenen Zweck am besten dient.

Im Grunde ist Changemanagement keine Aufgabe mit einem Anfang und Ende, sondern ein fortwährende Pflicht. Heraklit hat die Begründung geliefert: Panta rhei (Alles fließt). Da die Betroffenen gerne am Bestehenden festhalten, ist jede Veränderung ein Auslöser für Widerstand. Die Folgen sind institutionalisierte Maßnahmen zur Veränderung. Im einfachsten Fall gelten

---

[53] Erstveröffentlichung 31.07.2021
[54] Frei nach (Meadows, 2010)

die Umstellungen ab einem bestimmten Stichtag – ohne Vorankündigung oder Absprache mit den Betroffenen oder mit wenig Vorbereitung. Es ist, als wolle Archimedes die Welt aus den Angeln heben, indem er sie mit seinen Armen umfasst und versucht anzuheben. Das geht naturgemäß schief, da sie zu schwer ist.

> *„Gebt mir einen festen Punkt,*
> *und ich hebe die Welt aus den Angeln"*
> Archimedes

Mit einem kräftigen Hebel hingegen, der ein paar Millionen Lichtjahre lang sein müsste, und vor allem einem festen Aufsetzpunkt hätte könnte er das rein rechnerisch schaffen. Große Veränderungen in Unternehmen, z.B. die Einführung eines ERP-Systems oder die Umstellung von einem klassisch erstarrten hin zu einem vernetzten Unternehmen fühlen sich für die meisten Verantwortlichen genauso schwer an wie das Ausheben der Erde. Dabei ist es immer nur eine Frage des richtigen Hebelpunkts.

Abbildung 14: Die Welt aus den Angeln heben

Die vielen kleinen alltäglichen Änderungen finden statt, weil die Betroffenen durch ihre Fähigkeiten, die aufmerksame

Mitarbeit und brauchbare Illegalität[55] die Mängel abfedern.
Was im Kleinen geht, sollte auch im Großen möglich sein.
Mit den richtigen Hebelpunkten gelingt jeder Wandel.

- **Interne Hebelpunkte**
  Den größten Einfluss auf interne Hebel haben die Entscheidenden auf Strukturen und Abläufe, Wissen und
  Fähigkeiten sowie Ressourcen. Bei Umbrüchen müssen
  im ersten Schritt die internen Stakeholder mit den Bedarfen
  und Erwartungen erkannt und an Bord geholt werden.

  – Da die Top-Führenden die einflussreichsten Multipli-
    katoren sind[56], ist es entscheidend, deren mentalen
    Modelle und Erwartungen für eine Initiative zu berück-
    sichtigen und sie so oft wie möglich einzubinden, bei-
    spielsweise als Sponsoren oder Mentoren.

  – Ein Wechsel ohne die Mitarbeitenden ist zum Scheitern
    verurteilt. Am besten werden die Betroffenen zu Be-
    teiligten gemacht, die direkten Einfluss auf das neue
    Normale haben. Dies geschieht durch regelmäßige
    Veröffentlichungen, Workshops und Events mit Q&A.

  – Tiefgreifende Neuerungen stellen alles infrage, was
    die Betroffenen kennen und können, was zu instink-
    tiver Verweigerung führen kann. Durch Veröffentlichungen,
    die frühzeitig das Neue beschreiben, und Trainings,
    die die Beherrschung von neuen Anlagen und Abläufen
    sowie das gewünschte Verhalten einüben, erhalten die
    Mitarbeitenden die Möglichkeit Änderungen zu verstehen
    und zu beherrschen – das senkt deren Verunsicherungen
    und Ängste und baut Widerstände ab.

---

[55] (Luhmann, 1999)
[56] In einem Unternehmen mit fünftausend Mitarbeitenden (MA) und
fünf Vorständen, erreicht jede(r) einzelne rechnerisch 1000 MA.

Große Veränderungen lassen sich nicht über Nacht umsetzen. Das bedeutet, dass das Alte eine gewisse Zeit weiterläuft, während das Neue parallel entwickelt und aufgesetzt wird. Dies verlangt nach der Bereitschaft der Betroffenen zweigleisig zu „fahren". Aus diesem Grund ist die aktive Nutzung der internen Hebelpunkte unvermeidbar. Gleichzeitig wird das Neue durch die frühe Einbindung der Betroffenen viabler und langlebiger.

- **Externe Hebelpunkte**
  Wenn die unternehmerischen Schwerpunkte auf den Kernkompetenzen liegen, führt das dazu, dass Gesichtspunkte des Umfelds[57] bedeutender werden. Es ist wichtig, externe Stakeholder und Einwirkungen der Umwelt zu kennen. Da externe Maßnahmen einen geringeren Wirkungsgrad haben als die internen, ist eine frühzeitige Beschäftigung mit diesen Einflüssen geboten.

  - Die Öffentlichkeitsarbeit ist eine bedeutsame Parallelmaßnahme. Dabei werden Angehörige und sonstige öffentliche Anspruchsgruppen erreicht, da von deren Meinung indirekt Einfluss ausgeht – z.B., wenn den Familien die Veränderungen missfallen; lokale Bürgerinitiativen Widerstand organisieren; staatliche Stellen ihre Regeln haarklein durchsetzen.

  - Lobbyismus ist ein verdeckter Weg, Einfluss auf Politikende, Wirtschaftsvertretende, Gesetzgebende und Umweltgruppen auszuüben. Hierfür versorgen Unternehmen Arbeitskreise mit Studien und Konzepten, die eigene Interessen berücksichtigen. Damit wird Einfluss auf Standards, Regelungen und Gesetze genommen.

---

[57] Dabei handelt es sich um gesellschaftliche, politische, wirtschaftliche, ökologische, gesetzliche und technologische Einflüsse.

- Mit der Forschung und Entwicklung von neuen Technologien und Standards schaffen sich die Unternehmen die Möglichkeit, die Zukunft mitzugestalten. Beim Changemanagement liefert die Beteiligung an der Entwicklung die Transparenz der Interessen und sichert die langfristige Nutzbarkeit der erarbeiteten Ideen.

Der Einfluss auf die Umwelt ist eine zeitlich anspruchsvolle Aufgabe, die nicht nur stattfindet, wenn Maßnahmen durchgeführt werden, sondern lange davor und danach als fortwährende Aufgabe. Die Veränderungen nutzen die externen Hebelpunkte für eigene Zwecke.

- **Mentale Hebelpunkte**
  Die schwierigsten Aspekte sind die Mindsets der (Aus)-Führenden. Solange sie sich im Widerstand befinden, lassen sich die Änderungen nicht zuverlässig umsetzen. Dabei sind die Gründe nachvollziehbar.

  - Eine bedeutsame Blockade entsteht, wenn die Betroffenen das Neue nicht kennen oder verstehen. Deshalb ist es wichtig, die Mitarbeitenden in die Lage zu versetzen, sich damit zu beschäftigen und ggfs. Fragen zu stellen.

  - Sobald sie wissen, worum es geht, müssen die Fähigkeiten entwickelt werden, sodass sie sachkundig das Neue beherrschen. Das erfordert angemessene Schulungen und Übungen.

  - Die Führenden haben die Tendenz, große Veränderungen unter sich auszumachen. Sie räumen den Mitarbeitenden nur geringes Mitspracherecht ein. Dabei ist es der Sache förderlich, deren Sichten und Befindlichkeiten einzubeziehen. Wollen sie sich nicht auf das Neue einlassen, muss geklärt werden, aus welchen Gründen. Ansonsten stecken die Unwilligen die Halbwilligen mit ihrer Abneigung an und belasten die Umsetzung.

  - Top-Führende können es oft nicht glauben, aber es passiert auch, dass die direkten Vorgesetzten den Mitarbeitenden nicht erlauben, sich mit dem Neuen zu beschäftigen oder sich an der Entwicklung zu betei-

ligen. Das kommt meistens daher, dass ihnen die aktuellen Vorgaben wichtiger sind und die Erfüllung der Aufträge nicht gefährdet werden soll.
Die Bewertung der Neuerung liegt im Auge der Betrachtenden – vor allem der Betroffenen. Dabei sind sie diejenigen, die die Änderung annehmen müssen.

Fazit: Auch wenn Veränderung unentwegt stattfindet, bedeutet das nicht, dass wir sie sachgemäß beherrschen. Außerdem sind große Umbrüche schwieriger. Um sie hinzubekommen, müssen wir uns mit den internen, externen und vor allem mit den mentalen Hebelpunkten beschäftigen und sie geschickt nutzen, damit die Veränderung gelingt.

Ohne Lagebeschreibung gibt es keinen Grund zu agieren. Selbst ein unbestimmtes Bauchgefühl ist unzureichend, da es keine Ansatzpunkte gibt, von denen aus etwas verändert werden kann. Allerdings sollten Ahnungen genutzt werden, um die Lage einzugrenzen.

Hebelpunkte wirken auch mit kleinen Maßnahmen. Das gilt vorzugsweise für das Herstellen eines Normalzustands. Solange keine größeren Abweichungen durchgeführt werden müssen, bleibt das System im Gleichgewicht.

Soll sich ein System in kleinen Schritten weiterentwickeln, dann sind die Hebelpunkte die erste Stelle, an denen die Änderungen stattfinden können. Reicht das nicht, dann sollten weitere Hebelpunkte gefunden werden, die das jeweilige Problem beheben.

Selbst große Veränderungen hängen an den bekannten Hebelpunkten. In dem Moment, wo fehlende Hebelpunkte hinzugefügt sind und das Zusammenwirken der Hebelpunkte klar ist, können von hier ausgehend größere Maßnahmen durchdacht werden. Eine Simulation der Wirkungsverläufe hilft dabei, die Transformation zu planen.

DEM GEWOHNTEN IN DIE NISCHE FOLGEN ODER LIEBER WAS ANDERES MACHEN[58]

Merkeln

Unsere Tätigkeitsworte wurden um ein „untätiges" Verb erweitert: *merkeln*. Es bedeutet: *sich zu wichtigen, drängenden politischen Angelegenheiten nicht oder nur vage zu äußern und unangenehme Entscheidungen zu vermeiden oder hinauszuzögern.* [59] Daraus ergibt sich folgendes Verhalten:
- **Abwarten und Beobachten**: Angela Merkel ist uns allen in Erinnerung, wie sie Situationen intensiv beobachtet und abgewartet hat, bevor sie handelte.
- **Konsenssuche**: Sie strebte stets einen breiten Konsens mit allen an. Dieser Stil erinnert an das japanische Nemawashi[60], bei dem Entscheidungen in Vier-Augen-Gesprächen ausgetauscht, von allen Seiten betrachtet und getestet werden, um sie anschließend mit allgemeiner Zustimmung zu verabschieden.
- **Risikovermeidung**: Ein wesentlicher Aspekt des „Merkelns" ist die Vermeidung von Risiken. Große, riskante Wagnisse einzugehen hat jedoch das Potenzial, Reformen zu realisieren.
- **Pragmatismus**: Merkeln ist ein pragmatischer Ansatz, bei dem Maßnahmen an die gegebenen Umstände angepasst werden – mehrfach, wenn nötig.
- **Stille Führung**: Es handelt sich um einen eher zurückhaltenden, unaufdringlichen Führungsstil mit viel Aktivitäten hinter den Kulissen.
- **Langfristige Orientierung**
Merkeln passt zu langfristigen Perspektiven, bei denen die Auswirkungen in der Zukunft stattfinden.

Die Geschwindigkeit des Wandels ist mittlerweile so hoch, dass im Laufe eines Menschenlebens mehrere Zyklen stattfinden - verschiedene politische Systeme; oder erinnern wir uns an Schellack, Vinyl, CD, Blu-ray, MP3. Oder in der Arbeitswelt hatte die Arbeiterschaft lange durch die

---

[58] Erstveröffentlichung 11.08.2018
[59] https://www.dwds.de/wb/merkeln
[60] Nemawashi ist ein japanischer Abstimmungsprozesse mit dem Ziel der Konsensbildung

Industrialisierung und die damit einhergehende Massenproduktion ein Auskommen. Und plötzlich übernehmen
Maschinen die einfachen Aufgaben. Oder nehmen wir den
Droschkenkutscher, der sich irgendwann damit abfinden
musste, dass er sein Gefährt nicht mehr füttern, sondern
tanken musste. Dies hatte zwar nicht die Folge, dass
Kutscher völlig verschwunden sind. Heute heißen sie Fahrer
oder füllen mit ihren Fiakern eine Nische im Tourismus.

Abbildung 15: Von Kutsche zu Kutsche (eben ohne Pferd)

Alle sprechen von Disruption. Das klingt ausgefallener
und nicht so bedrohlich wie Zerstörung. Dabei ist die
gemeinte Veränderung nicht abrupt, sprunghaft oder un-
vermittelt - wenn auch störend und zerreißend. Auch kleine
Verbesserungen, die über die Jahre stattfinden, führen mit
der Zeit zu einer tiefgreifenden Veränderung. Welche
Möglichkeiten gibt es, um mit Wandel umzugehen?

- **Vogel-Strauß-Politik**
  Die passivste Reaktion ist es, den Kopf in den Sand zu
  stecken und darauf zu warten, dass die Veränderung unbemerkt an einem vorübergeht. Dabei wird wertvolle
  Zeit verloren, die genutzt werden könnte, um sich neu
  aufzustellen. Dieser Ansatz ist vermutlich das Erbe aus

94

den Anfängen des Lebens, als Angst in Schockstarre
versetzte und dadurch die Hoffnung bestand, trotz der
Bedrohung zu überleben.
Heutzutage ist dies die denkbar schlechteste Reaktion,
um auf bedrohliche Neuerungen zu antworten. Die Veränderungen in der Arbeitswelt gehen nicht an einem
vorüber, sondern über einen hinweg. In jedem Fall ist
einer der folgenden Ansätze besser.

- **Sich seinem Schicksal ergeben**
Auch in diesem Fall handelt es sich um eine passive Hand-
lungsweise. Es ist, als wenn wir in einem Ruderboot gegen
die Strömung ankämpfen - sobald wir aufhören zu rudern,
treiben wir ab. Dabei verlieren wir jegliche Kontrolle darüber, wohin es uns verschlägt. Das dazugehörige Schulter-
zucken und die Schuldzuweisungen sind ein typisches
Reaktionsmuster, wenn wir aus unserem Gleis geworfen
werden. Nur wer weiter rudert, hat eine Chance, sein
Schicksal zu dominieren.
Ein derartiges Los ist schlimm. Es ist jedoch nur eines von
vielen Risiken, denen wir alltäglich ausgesetzt sind –
Unfälle, Krankheiten, Verluste aller Art. Geschickter ist
es, die Möglichkeiten zu nutzen, die angeboten werden,
um sein neues Gleis zu finden. In jedem Fall ist einer der
folgenden Ansätze besser.

- **Kämpfen**
Werden wir mit drastischer Veränderung konfrontiert,
ist eigentlich noch nicht klar, ob es sich um eine end-
gültige Disruption handelt. Trotzdem gehen die meisten
bei Veränderungen in Widerstand - manche erkennen nicht,
was passiert; andere wissen nicht, wie sie darauf reagieren
können; manche akzeptieren aus Prinzip oder anderen
Gründen das Neue nicht; und manchmal dürfen sie
noch nicht einmal das Neue annehmen.
Der Kampf für das Gewohnte ist der schnellste aktive
Reflex. Dabei tauchen Barrieren auf, die mit der eigent-
lichen Neuerung gar nichts zu tun haben – Antipathien;

verdrängte Problemfelder; persönliche Befindlichkeiten. In jedem Fall ist der folgende Ansatz besser.

- **Auf zu neuen Ufern**
  Fast alle Veränderungen betreffen auch die Entscheider,
  die die Umgestaltung initiiert haben. Die Frontlinie findet
  sich nicht zwischen den Entscheidern und Betroffenen,
  sondern zwischen dem Gestern und Morgen.
  Wesentlich wirksamer ist es, sich konstruktiv mit dem
  Neuen auseinanderzusetzen - Was ändert sich überhaupt?
  Was wird eigentlich abgelöst? Was verlieren wir? Was
  gewinnen wir? Was können wir dazu beitragen? Was
  bedeutet das für die Einzelnen?
  Der Übergang findet selten abrupt statt - mit ein Grund,
  warum das Wort *disruptiv* unnötig verschreckt. Alle Veränderungen brauchen Zeit. Das Telefon benötigte über
  sechzig Jahre, um in 80% der US-Haushalte installiert
  zu sein. Auch wenn es beim Computer nur gut zehn
  Jahre erforderte, so sind es immerhin zehn Jahre, in
  denen wir uns auf die neuen Möglichkeiten der Vernetzung
  einstellen konnten - bestehende Fähigkeiten ausbauen;
  sich neu ausrichten; das Neue lernen. In jedem Fall
  zeigt die Vergangenheit, dass sich die Entwicklung nicht
  aufhalten lässt. Auch wenn es abgedroschen klingt: **Das
  einzige Beständige ist der Wandel.** Es bleibt uns nichts
  anderes übrig, als uns ständig anzupassen.

Fazit: Der Droschkenkutscher hatte plötzlich keine
Pferde mehr und musste sich mit einer neuen Technologie
auseinandersetzen. Gleichzeitig konnte er seine Kernkompetenzen wiederverwenden - Ortskenntnis; Umgang mit
Kunden; geduldiges Warten auf eine Fuhre. Wenn der
Tsunami des Umschwungs einen erreicht, ist die schlechteste
Reaktion die Vogel-Strauß-Politik und die zweitschlechteste,
sich seinem Schicksal zu ergeben. Der Kampf ist ein aktives,
wenn auch destruktives Vorgehen. Am besten stellen wir
uns dem Wandel und suchen unseren Platz auf der neuen
Welle - und wenn wir dem Gewohnten als touristischer Droschkenkutscher in Wien in die Nische folgen.

Das Gewohnte ist unspezifisch, solange die Gegebenheiten nicht beschrieben sind. Ohne die Beschreibung der aktuellen und der gewünschten Situation besteht kein Handlungsbedarf – zumindest lässt er sich nicht plausibel erklären, da die Indikatoren fehlen. Die einzige Notwendigkeit ist es, die Ausgangssituation zu beschreiben und zu bewerten.

Werden Sachverhalte sichtbar, die unerwünscht sind, sollte zuerst die Toleranz der Kenngrößen bestimmt werden. Solange sich die Ergebnisse in diesem Rahmen bewegen, reicht es aus nachzuregeln, um das Gleichgewicht zu halten.

Wenn es sich zeigt, dass bestimmte Abweichungen immer wieder, vielleicht sogar an unterschiedlichen Stellen auftreten, sollten wir uns näher mit den Ursachen beschäftigen. Zeigen sich kleine systemische Fehler wie unvollständige Formulare, ungeschickte Prozesse und Organisationseinheiten, dann ändern Verbesserungen das Unternehmen in kleinen Schritten.

Radikale Veränderungen sind die Ultima Ratio. Wenn das Geschäft nur noch von Notlösungen und Workarounds zusammengehalten wird, dann ist der Moment gekommen zu reorganisieren – nicht jedes Jahr, nicht alle drei Jahre. Aktive Feedback-Kanäle, die allen (Aus)Führenden die Gelegenheit bieten, ihre Sicht auf das Unternehmen zurückzumelden, machen die Erfahrungen und Erkenntnisse sichtbar. Zusätzlich können die entsprechenden Kanäle genutzt werden, um die Anforderungen an das Neue frühzeitig einzuholen. Unabgestimmte Initiativen werden am Widerstand der Betroffenen scheitern.

EIGENTLICH WOLLEN SIE VERÄNDERUNG. ODER?[61]

Neue Führungskräfte braucht das Land

Die Kunst besteht darin, mit leichter Hand entschieden voranzutreiben. Stärke ist die Fähigkeit genug alternative Ziele zu sehen, das richtige Ziel zu wählen und das Ziel konsequent über einen langen Zeitraum zu verfolgen. [62]

Die Führenden brauchen dafür die folgenden Fähigkeiten.
- Hinter den Horizont blicken zu können (Visionär)
- Begeisterung zu erzeugen (Motivator)
- Den Worten Taten folgen lassen (Integrität)
- Das Team als mehr als die Summe seiner Mitglieder betrachten (Teamwork)
- Die eigenen Grenzen kennen (Selbstkritisch)
- Mit leichter Hand Stärke zeigen (Rücksichtsvoll)
- Zu verstehen, dass Empfangende Inhalte brauchen (Transparenz)
- Fokus auf Wissen, das fehlt (Übergreifendes Verständnis). [63]

Erfolgsversprechende strategische Schritte sind:
- Regelmäßige Mergers & Acquisition
- Dynamische Verteilung der Ressourcen im gesamten Unternehmen
- Höherer prozentualer Anteil der Investitionen vom Umsatz als beim branchenspezifischen Durchschnitt
- Produktivität steigern
- Diversifizieren. [64]

Opportunistischen Leitenden, die ihr Unvermögen auf andere verteilen, bleibt nichts übrig, als im Jammermodus die Schuld bei anderen zu suchen – beim Staat, bei den besseren Mitbewerbern oder bei der Belegschaft.

Der Weg in die Zukunft ist ein gewagtes Unternehmen, das ständig Entscheidungen erfordert, weil es sich

---

[61] Erstveröffentlichung 12.03.2016
[62] (Greenleaf, 1996)
[63] (Chhokar, et al., 2008)
[64] (Dewar, et al., 2022)

unvorhersehbar gabelt. Manche Entscheidungen fallen leicht. Wir können uns aber auch einfach treiben lassen. Es gibt Momente, an denen die vorliegenden Alternativen einem nicht ausreichen. Sobald der Veränderungsdruck nicht mehr auszuhalten ist, kümmern wir uns aktiv darum, den vorgezeichneten Weg zu verlassen. Finanzielle und personelle Ressourcen werden geplant und der Wille zur Veränderung verkündet. Eigentlich sieht es so aus, als wollten sie Veränderungen. Oder?

Abbildung 16: Veränderung?

Es ist ein extremes Abenteuer, wenn ein Sprung gewagt wird von einem gewohnten Zustand in eine ungewisse Zukunft. Diese Unsicherheit über den Ausgang ist ein Risiko. Um diesen Sprung zu schaffen, ist der konsequente Wille zur Veränderung eine entscheidende Voraussetzung. Gleichzeitig bieten derartige Initiativen die Chance für einen großen Karrieresprung - potenziell nach oben, möglichst nicht nach unten. Die Folge ist ein hin- und hergerissen sein zwischen dem zum Greifen nahen Erfolg und dem tiefen Abgrund des Scheiterns. Ist es verwunderlich, dass die verantwortlichen Führungskräfte es an Kontinuität und Konsequenz mangeln lassen? Was brauchen die Leitenden von Veränderungsprojekten, um erfolgreich zu sein?

- **Eine klare Vorstellung von der Zukunft**
  Veränderung ohne Ziel ist evolutionärer Fluss, der nicht
  von uns selbst getrieben wird und nur indirekt
  beeinflussbar ist. Um neu durchzustarten, braucht es
  eine Vision, die anderen das Ziel so vermittelt, als wäre
  es bereits erreicht. Verpackt in eine plausible Geschichte
  wird der Weg mitgeliefert, der ans Ziel führt.

- **Die Begeisterung für die Zukunft**
  Verantwortliche Führungskräfte müssen für diese Zukunft
  brennen, damit sie auch andere entzünden. Die Begeisterung zeigt sich nicht nur an einem positiv beschriebenen
  Bild der Zukunft, sondern auch in dem stimmigen Beispiel, das die Wegbereiter in ihrer Vorbildfunktion vorleben.

- **Den Weg in die Zukunft**
  Die Verantwortlichen müssen sich vor allen anderen auf
  dem Weg in die Zukunft befinden, nicht einfach unbeteiligt
  danebenstehen und antreiben. Sie verlieren ihre Glaub-
  würdigkeit, wenn sie selbst den Eindruck erzeugen, nicht
  daran zu glauben. Es muss allen klar sein, dass der Weg
  in die Zukunft steinig und voll von Hindernissen ist. Der
  Preis fürs Durchhalten ist die schöne neue Welt.

- **Entschiedenheit für die erforderlichen Maßnahmen**
  Um bei der Veränderung von der Stelle zu kommen,
  braucht es Risikobereitschaft und Konsequenz. Vor allem
  zu Beginn wird der Schwung bestimmt, der während der
  Umsetzung nötig ist, um auch größere Schwierigkeiten
  heil zu überstehen. Die erforderlichen Maßnahmen gehen
  über die inhaltlichen Lösungen hinaus. Es sind Aktivitäten des Changemanagements, die die Veränderungen erst
  möglich machen - überzeugende und mitreißende
  Publikationen sowie der offene Austausch mit den
  Zielgruppen.

- **Die Bereitschaft, sich selbst zu ändern**
  Entscheidend für den Erfolg der Maßnahmen ist jedoch
  die persönliche Bereitschaft aller Verantwortlichen,
  sich selbst zu verändern. Sie müssen die eigene
  Komfortzone verlassen und Risiken auf sich nehmen,

damit die anderen das Vertrauen entwickeln, das ihnen ermöglicht, sich auf die Veränderungen einzulassen. Zeigen die Verantwortlichen diese Bereitschaft nicht und fehlt das Commitment in der Belegschaft, dann scheitert die Initiative eher früher als später.

Damit Platz für Neues entsteht, müssen wir uns auch von Dingen trennen, die eigentlich ganz angenehm sind. Verändernde, die es nicht schaffen, die Veränderung zu vermitteln, sich entsprechend zu verhalten und die angenehmen Vorteile des Bestehenden loszulassen, bewirken

- kontinuierlichen **Verzug** des Veränderungsprojekts,
- **fehlende**, konkrete **Ergebnisse**,
- **Verwirrung** durch inkongruentes Handeln,
- **Unsicherheit** durch wiederholte Zieländerungen und
- **Demotivation** durch permanentes Mikromanagement und ungerechtfertigte Schuldzuweisungen.

Changemanagement beginnt im Kopf aller Beteiligten und Betroffenen. Diejenigen, die Teil des Problems sind, tun sich schwer, diese Veränderungen zu verinnerlichen. Aus diesem Grund brauchen wir die neutralen Dritten, die, frei von persönlicher Betroffenheit, den Blick für das Wesentliche besitzen und wirksame Werkzeuge zur Umsetzung haben, die den Wechsel fördern.

Fazit: Veränderungsprozesse funktionieren nur so gut wie die Verantwortlichen, die sie durchführen. Die Voraussetzungen dafür sind eine begeisternde Vision, der vorgezeichnete Weg in die Zukunft, die Entschiedenheit der Verantwortlichen und die Bereitschaft, sich zu ändern. Wer sich darauf nicht einlässt, ist zum Scheitern verdammt. Dabei wollen sie eigentlich Veränderung. Oder?

Die Zukunft auszugestalten, ohne den Abgrund zu kennen zwischen heute und morgen bringt wenig. Dabei genügt es, die Lage zu kennen, ohne sie detailfreudig unter einer Infoflut zu verlieren. Erfahrene Führungskräfte wissen, was sie brauchen – sie sollten es auch mit allen teilen.

Führungskräfte wissen, dass das Gleichgewicht den Status-quo erhält. Strategen wollen Veränderung. Sie nutzen den aktuellen Zustand, um Kräfte zu sammeln für Veränderungen – besonders für die radikalen.

Die Einstellung der Führung bestimmt die Strategie - sicher vs. riskant, dauerhaft vs. temporär, klar vs. unklar, eindeutig vs. mehrdeutig. Konservative bevorzugen die kleinen Schritte, um das Bestehende nicht zu riskieren. Nichtsdestotrotz erreichen sie große Veränderungen, wenn sie lange genug durchhalten. Das Beispiel von Toyota zeigt die positiven Langfristeffekte der kleinen Schritte, die von allen Mitarbeitenden getragen werden.

Innovative interessieren sich für Neues, außerhalb des Bestehenden. Sollen die etablierten Wege verlassen werden, dann gehen alle erst mal in Widerstand, weil sie die Zukunft nicht kennen, nicht können, nicht dürfen oder aus persönlichen Gründen nicht wollen. Das ist der Moment, wo mit leichter Hand das Steuer herumgerissen werden muss, ohne die (Aus)Führenden zu verlieren. Große Veränderungen fordern das Mindset heraus und brauchen Changemanagement, um die Akzeptanz, das Commitment und die aktive Mitarbeit sicherzustellen.

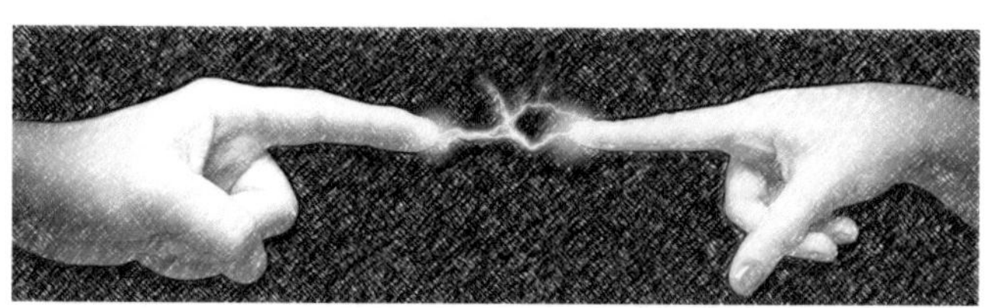

DER GRÖSSTE FEHLER IM CHANGEMANAGEMENT[65]

Erfolgsfaktoren des Changemanagements

Die zunehmende Dynamik der Wirtschaft führt dazu, dass sich die Welt beschleunigt verändert und in naher Zukunft noch stärker ändern wird. Dies treibt die Veränderungsmaschine in allen Bereichen an. (1) Die Beschreibung der aktuellen Situation muss immer häufiger überarbeitet werden. (2) Das Gleichgewicht erfordert immer kurzfristigeres Nachregeln. (3) Kleine Verbesserungen verändern das System viel schneller als früher. (4) Die digitale Transformation erfordert radikale Veränderung von **ALLEN**.

Erfolgsfaktoren sind die:[66]
- **(Aus)Führenden**
  Die Changereadiness der Betroffenen ist entscheidend und benötigt aktive Kommunikations- und Schulungsmaßnahmen.
- **Vision**
  Der Schnappschuss in die Zukunft schafft Klarheit und Orientierung.
- **Kommunikation**
  Die wichtigste Hürde ist Transparenz der Absichten und die Bedeutung für die (Aus)Führenden – Was bringt es mir?
- **Partizipation**
  Die frühzeitige Einbindung aller stellt sicher, dass individuelle Aspekte mitberücksichtigt werden wodurch Akzeptanz und das Commitment entsteht.
- **Integration**
  Die einzelnen Silos mit ihrem Bereichsdenken müssen sich auflösen und zu einem grenzenlosen Ganzen zusammenwachsen.
- **Re-Edukation**
  Der Effekt von Change ist die Ablösung von alten Gliederungen, Vorgehen & Methoden. Hierfür wird altes Denken „vergessen" und neues erlernt.
- **Evolution**
  Changemanagement muss zukünftig alltäglicher Bestandteil von allen sein, um nötige Veränderungen leichter umzusetzen.

---

[65] Erstveröffentlichung 15.08.2015
[66] abgeleitet aus (Lauer, 2019)

Die Welt verändert den Homo sapiens und der Homo sapiens verändert die Welt. Und alle Neuerungen erfolgen mit Schmerzen. Wer weiß schon, wie viele sich bei der Entdeckung des Feuers die Finger verbrannt oder sich bei der Erfindung von Faustkeilen schmerzhaft auf die Finger geschlagen haben. Unzählige Menschen haben die Verbreitung und den Wandel von Religionen und politischen Systemen mit dem Leben bezahlt. Wenn heute Unternehmen große Veränderungen einführen, sind viele Mitarbeiter betroffen. Und trotzdem begeht die Führung immer wieder den größten Fehler im Changemanagement.

Abbildung 17: Losgelöstes Changemanagement

Alles beginnt mit Veränderungsdruck. Dieser entsteht aus den Anforderungen am Touchpoint oder dem Leidensdruck und dem Willen zur Veränderung des Führungsteams. Egal, ob die Entscheidenden hin zu neuen oder weg von unerwünschten Verfahren und Verhalten wollen, müssen verschieden hohe Hürden überwunden werden.

Der Weg hin zu neuen Ufern braucht viel positive Energie, was die Festlegung der Stoßrichtung erleichtert. Der Weg raus aus problematischen Routinen muss negative Energie überwinden, um die Richtung zu finden. In beiden Fällen ist es wichtig, die Strategie in eine Form zu bringen, sodass die Betroffenen der zu verändernden Bereiche verstehen, was erreicht werden soll.

Die Beteiligung ist eine wichtige Voraussetzung, damit die neuen Ideen überhaupt eine Chance haben, umgesetzt zu werden. Hierfür ist die Einbindung der Personen, die sich verändern sollen, zu einem möglichst frühen Zeitpunkt entscheidend. Umgestaltungen, an deren Erstellung Betroffene beteiligt sind, lassen sich mit weniger Widerstand realisieren.

Die Veränderung findet immer im Kopf jedes Einzelnen statt. Den sprichwörtlichen „Nürnberger Trichter" gibt es nicht. Alle müssen persönlich die Neuorientierung verinnerlichen. Den Führungskräften bleibt nichts anderes übrig, als attraktive Perspektiven zu schaffen.

Manches Managementteam meint, dass es ausreicht, die Richtung vorzugeben. Die Mitarbeitenden müssen den Wechsel ja *par-ordre-du-mufti* mitmachen. Dem ist leider nicht so. Die Widerstände, die sich unbemerkt im Geschäft entwickeln, können das komplette Vorhaben scheitern lassen. Commitment kann <u>nicht</u> verordnet werden.

Viele beschränken sich auf Marketing- und Kommunikationsmaßnahmen. Sie hoffen, dass die Botschaften die Mitarbeitenden überzeugen. Aus einem unerfindlichen Grund meiden sie jedoch den direkten Kontakt zur Zielgruppe. Deshalb ist es wichtig, Wege für Rückmeldungen zu etablieren, die es möglich machen, Schwierigkeiten festzustellen, bevor sie überhandnehmen und dann nur noch mit sehr großem Aufwand aufgelöst werden können. Wirksames Changemanagement kümmert sich um den glatten Ablauf von Veränderungsaktivitäten. Zu diesem Zweck ist der direkte Kontakt zu den Arbeitsgruppen und den Betroffenen entscheidend.

Ohne die wechselseitigen Gespräche, die es den Betroffenen ermöglichen, sich in die neue Welt einzubringen ist Veränderung nichts weiter als ein frommer Wunsch. Der größte Fehler, den das Führungsteam machen kann, ist es: **Die Betroffenen nicht direkt zu beteiligen**.

Die folgenden Aspekte führen zu Hürden und Abgründen, die die Veränderung unnötigerweise belasten.

- Zu wenig Information,
- Zu wenig Beteiligung,
- Zu wenig Zusammenarbeit und
- Zu wenig Berücksichtigung der Betroffenen.

Fazit: Der größte Fehler im Changemanagement ist es, die **Zielbereiche nicht einzubeziehen**. Häufige Publikationen und offizielle Befürwortung der Veränderung durch die Entscheidenden sowie ein intakter wechselseitiger Austausch von Erfahrungen, Meinungen und Befindlichkeiten sind die Basis für erfolgreiche Veränderungen.

Die aktuelle Situation betrifft operative, taktische und strategische Aspekte. Ohne die Einbindung der (Aus)Führenden lässt sich die Lage nicht voll umfassend beschreiben, geschweige denn Veränderungen aufsetzen.

Das Erhalten des Gleichgewichts, des Status Quos, ist vor allem die Aufgabe der Mitarbeitenden am Touchpoint. Sie brauchen einen Rahmen, in dem sie sich bewegen und entscheiden können.

In einem partizipativen Umfeld können Verbesserungen dezentral selbstorganisiert aufgesetzt werden. Allerdings ist eine übergreifende Koordination notwendig, die die Transparenz und die Konsistenz aller Veränderungen harmonisieren.

Große Veränderungen entstehen in den Köpfen der Führungskräfte. Sobald die Vision sich verfestigt, wird der Rest des Unternehmens informiert – nicht nur die Shareholder. Die interne Kommunikation sollte wechselseitig stattfinden – Publikationen und die Möglichkeit der Rückmeldung, interaktive Großveranstaltungen und intime Kamingespräche über Hierarchiestufen hinweg. Weitreichende Einbindung aller (Aus)Führenden macht den Unterschied – und vermeidet dadurch den größten Fehler des Changemanagements.

NACHGEDANKE

Erinnern wir uns an Bartleby, der es vorzog, etwas nicht zu tun. Er hielt an seinem Mantra fest und wurde am Ende mit offenen Augen leblos am Boden liegend gefunden.

Nichtstun ist ein Teufelskreis. Er schlängelt sich die Bedürfnispyramide von Maslow hinab – (1) Verzicht auf Selbstverwirklichung; (2) Verlangen nach Wertschätzung; (3) Sozialbedürfnissen entsagen; (4) Vernachlässigen der Sicherheitsbedürfnisse und (5) fehlende Befriedigung der Grundbedürfnisse. Es dauert nicht lange, bis ohne aktive Erhaltung des Existenzminimums mit Hilfe von Nahrung, Wasser und frischer Luft die verbliebenen Ressourcen aufgezehrt sind. Das gilt für Alle und Alles unabhängig von der Länge und dem Ausschlag der Lebenszyklen.

Auch Unternehmen haben Bedürfnisse: (1) Innovation, Expansion und Diversifikation dienen der Selbstverwirklichung; (2) Branding, Reputation und wirtschaftlicher Erfolg befriedigen das Verlangen nach Wertschätzung; (3) positives Arbeitsklima, stressfreie Zusammenarbeit der Mitarbeitenden und externen Partner sowie zuverlässige Kundenbeziehungen erfüllen die sozialen Bedürfnisse; (4) Compliance, Versichern der Risiken und gefahrlose Arbeitsplätze stillen die Sicherheitsbedürfnisse; (5) finanzielle Stabilität, Verfügbarkeit der benötigten Ressourcen sichern die Grundbedürfnisse.

Beim fragenden Blick in den Spiegel können Sie mit den folgenden Fragen Ihre Bedürfnisse sammeln.

- **Selbstverwirklichung**
  Welche Möglichkeiten wollen wir ausschöpfen? Wie? Fördert unser Management- und Geschäftssystem unsere Strategie? Finden (Aus)Führende Sinn und Erfüllung bei uns? Wie werden die persönlichen Karrieren unterstützt?

- **Wertschätzung**
Woran machen wir die Wertschätzung fest? Wie bewerten uns unsere Stakeholder? Welche Maßnahmen (z.B. Branding, Corporate Social Responsibility, Auszeichnungen und Kundenbewertungen) reflektieren unser Image? Wie werden die (Aus)Führenden an Entscheidungen beteiligt, wertgeschätzt und gefördert?

- **Soziale Bedürfnisse**
Welche sozialen Bedürfnisse bestehen? Bei der internen Zusammenarbeit (z.B. Entscheidungs- und Berichtswege, Teamwork, Mikromanagement)? Welche Bedürfnisse haben die Kunden und die Mitarbeitenden Vor-Ort? Was wird für eine gute Kundenbeziehung getan?

- **Sicherheit**
Welche Sicherheitsbedürfnisse gibt es? Wie viel Prozent veraltete Regeln belasten unser Regelwerk? Wie handhabbar ist es? Wie ist die Stimmung der Beteiligten bezüglich Compliance? Wie werden die Arbeitsbereiche regelkonform? Wie werden Risiken berücksichtigt?

- **Grundbedürfnisse**
Welche Grundbedürfnisse sind lebensnotwendig? Wie spontan sind Ressourcen verfügbar (z.B. Finanzen, Material, Personal)? Wie weit in die Zukunft werden die Ressourcen abgesichert? Welche Reichweite haben die Maßnahmen (bis zum Werkstor, regional, national, international)?

Die Pyramide von Maslow liefert Entscheidenden ein Modell, mit dem sie ihren Wandel priorisieren können – je tiefer die Ebene, desto dringlicher ist der Handlungsdruck.

Wenn beispielsweise die Politik über Jahre die Infrastruktur eines Landes vernachlässigt, entstehen Folgekosten, die die Wartungskosten um ein Vielfaches übersteigen. Da die Amtsdauer einer Regierung alle paar Jahre wechselt, ist eine übliche Strategie auf die Versäumnisse der Vorgängerregierung zu zeigen und die eigenen Aktivitäten in die Zukunft zu schieben. Die Wahrscheinlichkeit ist groß, dass erst die nächste Regierung die

Probleme lösen muss. Und wenn eine lange an der Macht ist, stapeln sich dadurch die Brückenschäden. **Nichtstun ist keine Option**. Versäumnisse holen alle potenziert ein.

Die aufmerksam Lesenden vielleicht schon bemerkt, dass sich ihre Sicht auf Veränderung verschoben hat. Wandel ist keine abstrakte Größe mehr, sondern teilt sich in Klären, Justieren, Verbessern und Erneuern. Sie haben Anregungen erhalten, wie sie mit Change umgehen können. Wahrscheinlich sind Ihnen bereits zusätzliche Ansätze eingefallen. Und schließlich haben Sie Hebelpunkte kennengelernt, an denen Sie wirkungsvoll anfangen können.

Wir befinden uns am Ende des Lebenszyklus des bisherigen Changemanagements. In der VUKA-Welt können Sie nicht weiter Initiativen halbherzig auf die lange Bank schieben und im Nachgang die entstehenden Mängel beheben. In Zukunft muss Changemanagement Teil eines jeden Arbeitspakets sein, wodurch die Nacharbeit der kontinuierlichen Verbesserung überlassen werden kann.

Ab jetzt gilt das Motto:

Nichtstun ist keine Option und führt zu ungewollten, bedrohlichen Nebenwirkungen.

ANHANG

Literaturverzeichnis

Army, United States. Department of the. 1993. Leader's guide to After-Action Review. *Homeland Security Digital Library.* [Online] Training Circular 25-20, 09 1993. [Zitat vom: 30. 07 2022.] https://www.hsdl.org/?abstract&did=775082.

Army, US. 1993. Homeland_Security Digital Library. *Homeland_Security.* [Online] 30. 09 1993. [Zitat vom: 15. 10 2022.] https://www.hsdl.org/?abstract&did=775082.

Beck, Kent. 2010. Manifest für Agile Softwareentwicklung . [Online] 2010. [Zitat vom: 21. 07 2022.] https://agilemanifesto.org/iso/de/manifesto.html.

Chhokar, Jagdeep S., Brodbeck, Felix C. und House, Robert J. 2008. *Culture and Leadership across the world.* New York : Taylor & Francis Group, 2008. ISBN: 978-0-8058-5997-3.

Cline, Eric. 2015/2021. *1177 v. Chr. Der erste Untergang der Zivilisation.* Darmstadt : Wissenschaftliche Buchgesellschaft (wbg), 2015/2021. ISBN: 978-3-534-27330-0.

Curedale, Robert. 2019. *Design Thinking.* Topanga : Design Community College Inc., 2019. ISBN: 978-1940805450.

Dewar, Carolyn, Keller, Scott und Malhotra, Vikram. 2022. *CEO Excellence.* New York : Simon & Schuster, 2022. ISBN: 978-1-6680-0045-8.

DIN Deutsches Institut für Normung e.V. 2009. *DIN 69901-2.* Berlin : Beuth Verlag GmbH, 2009. Bde. Projektmanagement – Projektmanagementsysteme - Teil 2: Prozesse, Prozessmodell.

Ekman, Paul und Friesen, Wallace V. 2003. *Unmasking the face.* Cambridge : Malor Books, 2003. ISBN: 978-1883536367.

Gaede, Werner. 2002. *Abweichen von der Norm.* München : Langen-Müller, 2002. ISBN: 978-3784474168.

Getz, Isaac und Carney, Brian M. 2009, 2015. *Freedom, Inc.* s.l. : Somme Valley House, 2009, 2015. ISBN: 978-0-786-75635-3.

Gibson, William. 1984-1995. *Neuromancer.* München : Wilhelm Heyne Verlag GmbH, 1984-1995. ISBN: 3-453-05665-5.

Glimcher, Paul W., et al. 2009. *Neuroeconomics.* London : Erlsevier, 2009. ISBN: 978-0-12-374176-9.

Greenleaf, Robert. 1996. *On becoming a servant leader.* San Francisco : Jossey-Bass Inc., 1996. ISBN: 0-7879-0230-6.

Hamel, Gary und Zanini, Michele. 2020. *Humanocracy.* Boston M.A. : Harvard Business School Publishing, 2020. ISBN: 978-1-63369-602-0.

Heraklit. 2007. *Fragmente.* Zürich und München : Artemis & Winkler Verlag, 2007. ISBN: 978-3-538-03506-5.

Iacoboni, Marco. 2008. *Mirroring people.* New York : Farras, Straus and Giroux, 2008. ISBN: 978-0-374-21017-5.

Kolodej, Christa. 2022. *Priming – Stärkende Räume entstehen lassen.* Wiesbaden : Springer Gabler, 2022. ISBN: 978-3-658-36329-1.

Lally, Phillippa, et al. 2009. How are habits formed: Modelling habit formation in the real world. *https://www.researchgate.net.* [Online] Wiley, 16. 07 2009. [Zitat vom: 06. 06 2024.] https://www.researchgate.net/publication/32898894_How_are_habits_formed_Modeling_habit_formation_in_the_real_world.

Lapp, Michael. 2022. *Adaptabilität.* Norderstedt : BOD, 2022. ISBN: 978-3-7562-2695-5.

—. **2017.** businessexercise.de. *businessexercise.de.* [Online] memecon, 2017. [Zitat vom: 17. 06 2024.] https://www.businessexercise.de.

—. **2023.** *Die Welt wird VUKA.* Norderstedt : Books on Demand, 2023. Bd. 2, die bunten. 978-3757879259.

—. **2024.** *Metaphern.* Norderstedt : BOD, 2024. ISBN: 978-3759723420.

—. **2011_b.** Problem-/Zielbestimmung. [Online] 09 2011_b. [Zitat vom: 18. 07 2023.] https://www.memecon.de/problem---zielbestimmung.html.

Lauer, Thomas. 2019. *Change Management.* Berlin : Springer Gabler, 2019. ISBN: 9783662591017.

Luhmann, Niklas. 1999. *Funktionen und Folgen formaler Organisation.* 5. Berlin : Duncker & Humblot, 1999. ISBN: 978-3428083411.

Mainzer, Klaus. 2008. *Komplexität.* Paderborn : Wilhelm Fink Verlag, 2008. ISBN: 978-3-8252-3012-8.

Manzai, Christian, Schleupner, Linus und Heinze, Ronald. 2016. *Industrie 4.0 im internationalen Kontext.* Berlin : Beuth Verlag, 2016. ISBN: 978-3-410-26049-3.

Meadows, Donella. 2010. *Die Grenzen des Denkens.* München : Oekom Verlag, 2010. ISBN: 978-3-86581-199-8.

Melville, Herman. 1853/1997. *Bartleby, der Schreiber.* Berlin : Ullstein Buchverlage GmbH, 1853/1997. ISBN: 3-548242782.

Mitchell, Melanie. 2009. *Complexity.* New York : Oxford University Press, 2009. ISBN: 978-0-19-512441-5.

Nefiodow, Leo F. 1990. *Der fünfte Kondratieff.* Frankfurt am Main : Frankfurter Allgemeine Zeitung, 1990. ISBN: 3-409-13927-3.

Osborn, Alex. 2009. *Unlocking your creative power.* Amherst : Hamilton Books, 2009. ISBN: 978-0761847007.

Osterwalder, Alexander und Pigneur, Yves. 2011. *Business Model Generation.* Frankfurt am Main : Campus Verlag, 2011. ISBN: 978-3-593-39474-9.

Peters, Tom. 1988. *Kreatives Chaos.* Hamburg : Hoffmann und Campe, 1988. ISBN: 3-455-08290-4.

Popper, Karl. 1934/1989. *Logik der Forschung.* Tübingen : Mohr, 1934/1989. ISBN: 3-16-345485-2.

Ritter, Joachim, Gründer, Karlfried und Gabriel , Gottfried. 2004. *Historisches Wörterbuch der Philosophie.* Basel : Schwabe Verlag, 2004. Bd. 12. 3-7965-0115-x.

Rizzolatti, Giacomo und Sinigaglia, Corrado. 2008. *Empathie und Spiegelneuronen.* Frankfurt am Main : Suhrkamp Verlag, 2008. ISBN: 978-3-518-26011-1.

Robertson, Brian J. 2016. *Holacracy.* München : Verlag Franz Vahlen GmbH, 2016. ISBN: 978-3-8006-5087-3.

Scheller, Torsten. 2017. *Auf dem Weg zur agilen Organisation.* München : Vahlen, 2017. ISBN: 978-3-8006-5271-6.

Senge, Peter, et al. 2008. *The necessary Revolution.* New York : Doubleday, 2008. ISBN: 978-0-385-51901-4.

Sheldrake, Rupert. 1990. *Das Gedächtnis der Natur.* Bern, München, Wien : Scherz Verlag, 1990. ISBN: 978-3502136507.

Smith, Aaron C. T. und Graetz, Fiona M. 2011. *Philosophies of organizational change.* Cheltenham : Edwar Elgar Publishing Limited, 2011. ISBN: 978-1-84844-638-0.

Stamenov, Maxim I. und Gallese, Vittorio. 2002. *Mirror Neurons and the Evolution of Brain and Language.* Amsterdam : John Benjamins Publishing Company, 2002. ISBN: 978-1588112156.

Wikipedia. 2022. Kognitive Verzerrung. [Online] 20. 07 2022. [Zitat vom: 22. 07 2022.] https://de.wikipedia.org/wiki/Kognitive_Verzerrung.

Abbildungsverzeichnis

Glossar

Ablauf
Die Abläufe sind die Bausteine der Ablauforganisation (Prozessorganisation). Sie beschreiben wiederholbare Abfolgen von Funktionen oder Tätigkeiten mit einem definierten Anfang und definierten Ende.

Adaptabilität
Adaptabilität ist die Fähigkeit zu ändern, und/oder verändert zu werden, um die aktuelle Lage zu meistern.

After Action Review
Eine After-Action-Review (AAR) ist ein Werkzeug, das einen strukturierten Rückblick auf eine Aktivität ermöglicht. Die (Aus)Führenden ziehen im Nachhinein maximale Erkenntnisse und Vorteile aus jeder Art von Aufgabe, indem sie sich gemeinsam erinnern, worum es ging, was erreicht wurde und was daraus gelernt werden kann (frei nach (Army, 1993)).

Agiles Management
Agiles Management wird abgeleitet aus dem Agilen Manifest: Individuen und Interaktionen mehr als Prozesse und Werkzeuge; funktionierende Ergebnisse mehr als umfassende Dokumentation; Zusammenarbeit mit dem Kunden mehr als Vertragsverhandlung; Reagieren auf Veränderung mehr als das Befolgen eines Plans. (Beck, 2010) Der Einsatz außerhalb der Softwareentwicklung wird die Aufgabe der nächsten Jahre.

AKV
(siehe Rolle)

Ambiguität
Ambiguität beschreibt die Zwei- oder Mehrdeutigkeit von Worten, Bildern, Klängen und sonstigen Wahrnehmungen. Sie beschreibt missverständliches Verhalten in Komponenten, Beziehungen, Zuständen, Ursachen und Wirkungen. Inhalte sind vieldeutig, lösen stets Diskussionen aus & verhindern klare Erwartungen.

(Aus)Führende
Die Kurzform für Ausführende und Führende.

Bias
Kognitive Verzerrungen sind „systematische fehlerhafte Neigungen beim Wahrnehmen, Erinnern, Denken und Urteilen. Sie bleiben häufig unbewusst und basieren auf kognitiven Heuristiken (z.B. Vorurteilen)." (Wikipedia, 2022)

Deglobalisierung
Mit dem Zurückdrehen der Globalisierung schwingt das Pendel von zunehmender zurück zu geringerer

internationaler Verflechtung der Wirtschaft. Wiederaufkommen von National- und Separatismus.

Denken

Denken findet im Kopf von Einzelpersonen statt und ist die geistige Verknüpfung von äußeren Reizen mit bereits bestehenden mentalen Ideen, Themen, Konzepten und Modellen.

Digitalisierung

Digitalisierung ist die fortschreitende Überführung der materiellen in die virtuelle Welt – z.B. Abläufe, Rollen, Tätigkeiten, Ergebnisse und Kommunikation.

Disruption

Eine Disruption ist eine wesentliche Unterbrechung und Störung, die alles, was bisher gegolten hat, ad absurdum führt– z.B. Offline-Kommunikation aller Art zum multi-medialen Internet; von verkabelt zu drahtlos; von stationärem zu Handel im Internet.

Erkenntnis

Der aktuelle Zustand wird ermittelt und die Grundlage für weitere Veränderungen, das Stabilisieren, Verändern oder Transformieren gelegt.

Führung

Führung ist die bewusste oder unbewusste, direkte oder indirekte Einflussnahme auf das Verhalten von Einzelpersonen, Gruppen, aber auch Systemen jeglicher Art (z.B. Maschinen, Organisationen).

Geschäftsmodell

Das Geschäftsmodell bündelt die folgenden geschäftlichen Bausteine. Das Leistungskonzept beinhaltet die erweiterte Geschäftsidee. Das Ertragsmodell beschreibt die vorbereiteten Einnahmequellen. Die Wertschöpfung bestimmt den Ablauf der Erbringung der Leistungen. Die Organisation besteht aus der internen Struktur und dem Beziehungsgeflecht. Die Partner erweitern das interne Netzwerk nach außen. Die Kunden sind die Zielgruppen, die dem Unternehmen die Einnahmen bringen, um zu agieren. Die Ressourcen sind die Mittel, die die Mitarbeiter für die Erbringung der Leistung brauchen. Die Kommunikation umfasst die Kanäle zu allen Beteiligten. Die Koordination umfasst die Mechanismen der Steuerung.

Gestaltung

Gestaltung ist der Prozess der bedarfsorientierten Entwicklung, Erstellung und Anpassung der Form, Funktion und Semantik von Objekten (d.h. Dingen, Konzepten, Rollen).

Governance

Governance ist das Steuerungs- und Regelungssystem einer Organisation – inkl. Prinzipien, Unter-

	nehmensabstimmung, Glossar, kritische Erfolgs-faktoren, Metriken, Richtlinien und Rollen.
Hebelpunkt	Ein Hebelpunkt ist ein Ansatzpunkt, an dem entscheidende Entitäten, Beziehungen, Zuständen, Ursachen, Wirkungen, Überzeugungen und Menschen, die mit wenig Aufwand große Veränderungen erzeugt werden.
Humanocracy	Eine Humanocracy (Herrschaft der Menschen) ist gekennzeichnet durch den Ersatz der Bürokratie durch Eigentümerschaft, interne Märkte, Leistungs-gesellschaft, Gemeinwesen, Offenheit, Experimen-tieren und Widersprüchen. Sinnlose Aufgaben und Regeln entfallen. Das Unternehmen legt Wert auf die Mitarbeitenden und fördert die mutige Agency, konsequente Selbstorganisation und leidenschaftliche Kreativität.
Information	(siehe Meme)
Institution	Institutionen sind Unternehmungen, die keine Gewinnabsichten verfolgen, sondern die Förderung eines Zwecks und die Umsetzung von entsprechenden Aufgaben – Verbände, Behörden, Gerichte, überstaatliche Organisationen usw.
Kommunikation	Kommunikation ist eine ein- oder wechselseitige Weitergabe von visuellen, auditiven, kinästhetischen, olfaktorischen, gustatorischen oder sonstigen Botschaften zwischen Kommunikationsteilnehmern mithilfe von Übertragungsmedien.
Komplexität	Komplexität beschreibt das unübersichtliche Verhalten von Entitäten und Verbindungen, die viele mögliche Komponenten, Beziehungen, Zustände, Ursachen und Wirkungen haben. Klare Vorhersagen fehlen oder ändern sich schnell. Entscheidungen werden aufgrund von unterschiedlichen, unzuverlässigen und inkonsistenten Erkenntnissen getroffen.
Künstliche Intelligenz	Dabei handelt es sich um Softwareprogramme, die versuchen, das Denken von Menschen in Computern zu implementieren. Andere wollen menschliche Aufgaben durchzuführen, ohne Denken und Bewusstsein zu erzeugen. Diese Form wird in schwache und starke KI unterschieden. Schwach bedeutet, dass spezialisierte Aufgaben „gelernt" werden. Stark bedeutet, dass weit-reichende kognitive Fähigkeiten bestehen, die

alle Aufgaben, die Menschen kreativ ausführen, ebenfalls erfüllen können.

Kunden

Kunden sind Einzelpersonen, Gruppen oder Unternehmen, die einen Bedarf in Form von Gütern und Dienstleistungen bereits ausdrücken oder erst noch entwickeln und über ausreichende Mittel zur Bezahlung verfügen.

Leistungen

Leistungen sind Produkte oder Dienstleistungen, die aus aktiven und ggf. passiven Bestandteilen bestehen. Aktiv sind die erwarteten Primärfunktionen – ein Automobil fährt, ein Radioapparat empfängt Sendungen. Passive Funktionen sind zusätzlich gelieferte Bestandteile – das Multimedia-System im Auto, die Wetterstation am Radio.

Liberated Company

Dies ist eine der neuen Organisationsformen, die eine offene und vertrauensvolle Struktur bietet, Schwerpunkt ist die Autonomie der Mitarbeitenden, flache Hierarchien, kollaborative Mindsets und Servant Leadership.

Meme

Meme sind Inhalte, die Menschen ursächlich schaffen und denken - oder wie es M. Csikszentmihalyi ausdrückt „jedes feste Muster von Materie oder Information, das durch den Akt menschlicher Intentionalität erschaffen wird".

Metaprogramme

sind Muster in der Wahrnehmung und dem Denken von Einzelpersonen, die widerspruchsfrei die Denkmodelle zusammenhalten und ihre Wahrnehmung, Denkprozesse und Verhalten beeinflussen. Dazu gehören Weltsicht (z.B. Chunkgröße), Organisation (z.B. funktions- oder personenbezogen), Vorgehen (z.B. Top-Down versus Bottom-Up), Einstellung (z.B. Kommunikations-, Verhaltens- und Denkstile) und Zeitaspekte (z.B. Scope, Fokus).

Mikro-management

Mikromanagement ist der Führungsstil, bei dem sich eine Führungskraft um jedes Detail selbst kümmert. Diese „Übersteuerung" führt bei Mitarbeitenden zu Unlust, Dienst nach Vorschrift, nachlassendem Niveau, fehlendem Verantwor-tungsbewusstseins, regelmäßiger Delegation nach oben sowie dazu, nur noch zu reagieren.

Mindset

Mindsets sind Voreinstellungen und Grundhaltungen, Mutmaßungen, Erfahrungen und Erinnerungen, die die Wahrnehmung,

Denken und Verhalten bestimmen. Sie bestehen aus verschiedenen, kulturell bedingten Bausteinen. Dazu gehören die Fähigkeit, Information nutzen zu können; die Quelle, Richtung und Stärke der Motivation; der Stil des inhaltlichen Austauschs (Kommunikation); der Planungs- und Entscheidungsstil und die angestrebte Lösung; die Art und Weise wie (zusammen)gearbeitet und gedacht wird; die Summe der Werte und mentalen Modelle.

Mitarbeitende

Dies sind alle Beschäftigten, die zusammen mit anderen in einem Unternehmen arbeiten, unabhängig davon, ob sie eine ausführende oder führende Tätigkeit haben.

Morphisches Feld

Rupert Sheldrake hat die Hypothese aufgestellt, dass neben anderen physikalischen Feldern, wie z.B. der Gravitation, ein Feld besteht, dass für die Formbildung einer Gestalt und eines Verhaltens verantwortlich ist. Hier finden physikalische Wirkungen statt, die durch das Verbinden und Verflechten von Materie und Energie merkmalsbildende Strukturen und Aktivitätsmuster einer Form oder Organisation bereitstellen, die die Grundlage für deren Gestalt liefern. (Sheldrake, 1990)

Nemawashi (根回し)

Nemawashi ist die japanische Variante eines Abstimmungsprozesses mit dem Ziel der Konsensbildung zwischen allen an einer Entscheidung beteiligten Interessensgruppen und –personen. Dabei werden Ideen, Themen, Konzepte in persönlichen Einzelgesprächen besprochen, von allen Seiten betrachtet und getestet.

Netzwerk

Das Netzwerk besteht aus selbstorganisierten Einheiten (z.B. Unternehmen, Teams), die einerseits im Wettbewerb zueinanderstehen und gleichzeitig kooperieren. Es ist gekennzeichnet durch gemeinsame Ziele und Strukturen, die sich durch polyzentrische, wechselnde Macht und Entscheidungskompetenz ständig verändert.

Organisationseinheiten

Eine Organisationseinheit ist das Ergebnis Organisierens (z.B. Geschäftsbereich oder Abteilung), d.h. die sorgfältige Vorbereitung, der Aufbau, die Beschaffung und Koordination von z.B. Kapazitäten, Ressourcen, Funktionen jeglicher Art.

Paradigma	Ein Paradigma ist ein grundsätzliches Denkmuster, das für eine lange Zeit Antworten zu bestimmten Fragen liefern, z.B. der arbeitsteilige Taylorismus, die theoretische Quantenphysik oder die Systemtheorie.
Perspektive	Es gibt unzählige Blickwinkel, d.h. Betrachtungsmöglichkeiten von Sachverhalten von unterschiedlichen Standpunkten aus – z.B. aus der eigenen Sicht, der von Anderen oder von neutralen Dritten. Jede weitere Perspektive eröffnet neue Einsichten und damit Handlungsmöglichkeiten.
PESTLE	Das Akronym (abgeleitet aus dem Englischen für Political, Economic, Social, Technological, Legal, und Ecological) steht für die politischen, wirtschaftlichen, gesellschaftlichen, technologischen, rechtlichen und ökologischen Einflussfaktoren, die zur Umweltanalyse genutzt wird.
Plattform	Eine Plattform ist ein moderierter Marktplatz, den Vermittler bereitstellen und der Produzenten mit Konsumenten verbindet, um Leistungen auszutauschen.
Quantensprung	Dabei handelt es sich um den Punkt, an dem etwas tatsächlich von einem in einen anderen Zustand übergeht – üblicherweise unsichtbar für unsere Wahrnehmung.
Ressourcen	Ressourcen sind Mittel, die benötigt werden, um Aufgaben zu erfüllen. Dazu gehören die Mitarbeitenden, das Wissen, Fähigkeiten und Fertigkeiten, die Infrastruktur und die finanziellen Mittel.
Rolle	Rollen bündeln AKV, i.e. Aufgabe, Kompetenz und Verantwortung von Organisationseinheiten und Personen. Die Aufgabe beschreibt die zu verrichtenden und leitenden Tätigkeiten einer Rolle, Die Kompetenz beschreibt die Befugnisse, die notwendig sind, damit Aufgaben erfüllbar sind. Die Verantwortung beschreibt die Pflicht zur Rechenschaft für Handlungen.
Selbstorganisation	Selbstorganisation bedeutet, dass die Steuerung einer Organisationseinheit durch sich selbst erfolgt, ohne Führung von außen, um mit internen und externen Problemen und Störungen fertig zu werden.

Stabilisierung	Der aktuelle Zustand wird erhalten, indem gezielt nachgeregelt wird – wie bei einem Thermostat.
Stakeholder	Stakeholder sind interne und externe Gruppen, die Ansprüche oder Einfluss auf Organisationseinheiten haben: z.B. (Aus)Führende, Kunden, Lieferanten, Wettbewerb, Staat und Gesellschaft.
Team	Ein Team sind mehrere Menschen, die eine Einheit bilden aufgrund gemeinsamer Ziele, Werte, Regeln, Sprache o. ä. Sie verfügen über einen wechselseitigen Zusammenhalt und Solidarität füreinander. Ein Individuum ist fast immer Teil unterschiedlicher Gruppen – und häufig mit verschiedenen Rollen.
Touchpoint	Ein Touchpoint ist die Nahtstelle zwischen dem Unternehmen und der Umwelt. Im Gegensatz zum üblichen Kundenkontakt dient er hier als Kontaktpunkt zu allen Arten von Stakeholdern – z.B. Lieferanten, Verbänden usw.
Transformation	Veränderungen zweiter Ordnung sind radikale Veränderungen, bei denen Handlungen, Leistungen oder Organisationen ersetzt werden oder ganz wegfallen.
Überzeugungen	Eine feste Meinung besteht aus Werten, Strategien und sonstigen mentalen Modellen, die die Handlungen beeinflussen.
Unsicherheit	Unsicherheit beschreibt das fragliche Verhalten von Entitäten und Verbindungen, z.B. Komponenten, Beziehungen, Zustände, Ursachen und Wirkungen. Die Information ohne die Wahrscheinlichkeiten des Stattfindens eines Ereignisses verschleiern die aktuelle Situation. Zuverlässige Prognosen sind durch die unzuverlässigen Inhalte nicht möglich.
Veränderung	Das Ergebnis von Aktivitäten sind Veränderungen erster Ordnung, d.h. kleine Verbesserungen (die richtigen Dinge richtig tun) und zweiter Ordnung, d.h. große, radikale Veränderungen (z.B. Dinge nicht mehr tun, neu erfinden oder Unmögliches wagen).
Verantwortung	Verantwortung ist die Verpflichtung von Personen, für etwas einzutreten, d.h. die Verpflichtung, eine Aufgabe zu erfüllen, vorausschauend Handlungen, Ergebnisse oder Folgen zu berücksichtigen, Rechenschaft abzulegen, für etwas zu haften oder sanktioniert zu werden.

| **Verbesserung** | Veränderungen erster Ordnung sind kleine Veränderungen. Diese können über einen langen Zeitraum zu großen Veränderungen führen, die positiv oder negativ sein können. |

Verbesserung

Veränderungen erster Ordnung sind kleine Veränderungen. Diese können über einen langen Zeitraum zu großen Veränderungen führen, die positiv oder negativ sein können.

Viabilität

Viabilität ist die Lebensfähigkeit einer Entität, die Veranlagung zu reifen, stabil fortzubestehen und weitere Fortschritte zu machen sowie im Krisenfall in der Lage zu sein, sich zu regenerieren. Eine Entität kann eine Person, Gruppe, ein Gegenstand sowie eine Idee oder Konzept sein.

Volatilität

Volatilität beschreibt das vergängliche Verhalten von Entitäten und Verbindungen, die viele mögliche und aktuelle Komponenten, Beziehungen, Zustände, Ursachen und Wirkungen haben und deren Inhalte zu kurz bestehen für eine zuverlässige Nutzung. Die Flut an Informationen und Entscheidungsfaktoren führen zu instabilen Zuständen, lassen sich nicht berechnen und verhindern zeitnahe Situationsbeschreibungen.

VUKA

VUKA ist ein Akronym für das Wesen unserer unbeständigen Welt – Volatilität, Unsicherheit, Komplexität und Ambiguität.

Widerstand

Widerstände in Organisationen sind normal, sobald etwas Neues eingeführt wird. Sie entstehen, weil es unbekannt ist (Nicht-Kennen), nicht beherrscht wird (Nicht-Können), nicht erlaubt ist (Nicht-Dürfen) oder persönliche Gründe dagegen (Nicht-Wollen) vorliegen.

Zielgruppe

Zielgruppen dienen zur Beschreibung von Interessengruppen, Ansprechpartnern und sonstigen Personen, die wir erreichen wollen. Sie werden aufgrund von gleichen oder ähnlichen Eigenschaften gebildet, z.B. Branche, Marktsegment usw.

Zusammenarbeit

Zusammenarbeit ist das zweckgerichtete Zusammenwirken von mindestens zwei Personen oder Organisationseinheiten, um ein gemeinsames Ziel zu erreichen.

Index

O

P

Q

R

S

Y

Z

Weitere Bücher des Autors

Memenotes

Dieses Wendebuch in Deutsch und Englisch bietet verbale
und visuelle Aphorismen zur Inspiration bei der täglichen Arbeit.
ISBN: 978-3754321669
Erscheinungsjahr 2021 (nicht mehr lieferbar)

Denke/Th!nk

In Deutsch/ Englisch bietet Denke/Th!nk Inspiration mithilfe
vieler Farb- und Schwarz-Weißphotographien & Infografiken.
ISBN: 978-3755754985
Erscheinungsjahr 2022

Adaptabilität

Dieses Buch bietet Impulse für Neugierige, sich schon jetzt
mit der Kernfähigkeit des 21. Jahrhunderts auseinanderzu-
setzen. Mit dem A.D.A.P.T.-Modell erhalten Organisationen,
Gruppen und Einzelpersonen fünf Hebelpunkte für die
Zukunft.
ISBN: 978-3756226955
Erscheinungsjahr 2022

After Action Review

Diese Fibel liefert im Kern zehn Fragen, um eine Aktion im
Rahmen einer rückblickenden Lagebesprechung in drei
Schritten durchzuführen. 1. Worum gehts (Anliegen)? 2.
Was haben wir erreicht (Ergebnisse)? 3. Was lernen wir
daraus (Lessons Learned)?
ISBN: 978-3756890576
Erscheinungsjahr 2023

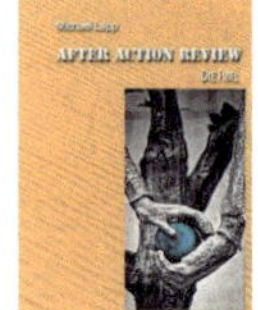

Der Künstliche Schreiberling

Schöne Neue Welt. Ein Hype baut sich auf - die Künstliche
Intelligenz (KI). Automation erreicht die kreativen Bereiche.
Und die gestalterischen (Aus)Führenden, Schreibenden und
Forschenden fühlen sich von den scheinbaren Rivalen
bedroht. Ist das berechtigt? Dieses Buch zeigt Beispiele.
ISBN: 978-3756890576
Erscheinungsjahr 2023

Analoges Digital

Digitalisierung, Digitale Daten, Digitaler Wandel und Digitale Transformation verändern alle Felder des Geschäftsmodells. Neben unserer gewohnten Realität entsteht mindestens ein virtuelles "Paralleluniversum.
ISBN: 978-3757823962
Erscheinungsjahr 2023

Die Welt wird VUKA

Nichts bleibt, wie es wird! Das macht etwas schwer greifbar und ist plötzlich weg. Nichts wird wie gedacht; Es ist nicht möglich, etwas auf vukaner Basis vorherzusagen. Nichts lässt sich denken, wie es ist; Es ist nicht möglich, etwas dynamisch-veränderlich Unfassbares zu übersehen. Nichts ist, wie es scheint. Das Buch beschreibt die neue VUKA-Welt.
ISBN: 978-3757879259
Erscheinungsjahr 2023

Inspirationen

Unvollständig beschriebenen Aufgaben, Befugnisse und Verantwortung erfordern Ideen. Diese erweiterte und verbesserte Version von memenotes liefert bunte Intuitionspumpen in Deutsch.
ISBN: 978-3757823962
Erscheinungsjahr 2024

Metaphern

Schall und Rauch erzeugen Bilder im Kopf, die Gedanken und Emotionen in Aha-Projektionen umwandeln - durch Bedeutungen, Analogien und METAPHERN.
ISBN: 978-3759723420
Erscheinungsjahr 2024

Über den Autor

Michael Lapp

Jahrgang 1957, ist Gründer der
Unternehmensberatung memecon®.
Er war Musiker, Programmierer und Manager
in Europa, Amerika und Asien und lebt heute in Neustadt
als Bedeutungsgestalter, Blogger, Bildermacher,
Berater, Coach und Trainer.
Themenschwerpunkte sind Strategieentwicklung, Geschäftsmodellierung,
Business Engineering, Informationsmanagement, Governance, Projekt-
und Changemanagement sowie Kommunikation.

Weitere Informationen finden sich unter:
https://www.memecon.de
https://www.bedeutungsgestaltung.de
http://www.michaellapp.de